天下文化

BELIEVE IN READING

輔大六十，熠熠生輝

划向未來的方舟

跨域．人文．共好

彭漣漪、張雅琳、陳培思、陳名珉／著

目錄

Contents

序

祝我輔仁，其壽千春

劉振忠　輔仁大學學校財團法人董事長

輔仁大學在台復校已經六十年，這要感謝六十年前樞機主教于斌的遠見和四處奔走，非常辛苦為爭取復校而努力，而在耶穌會、聖言會和中國聖職單位傾全力協助輔大在台灣的經營，也是我們要銘感於心的。

最重要的是，有許多外國神父、修女隻身來台，在輔大創系或創院，他們甚至還出國再去進修專業，以最新的知識來教育學生，尤為難得的，他們細心照拂每一位學生的生活，幫忙爭取獎學金，協助出國深造，這些都讓許多校友心存感激、銘刻於心，也是目前輔大最具校友凝聚力的潛在原因，進而促使很多父母安心把孩子送到輔大接受教育。在當前少子化的挑戰下，今年（二〇二一年）輔大學生註冊率普遍提升，日間學士班高達九十九％，即使是招生較困難的碩士班和進修部都可維持在八十五％以上，領先大部分國立大學。

輔大除了擁有純樸學風、以學生為中心的教育理念之外，最為人稱道的是使命特色的實踐力行，國內外的服務學習已行之有年，每個學院都組織有特色的團隊，每年會到國內外幫助一些貧困、資源缺乏的族群，不但讓學生從中得到許多反思與學習，同時也促成社會企業對該環境做長期改造的機會。此外，在偏鄉教育、原住民保障方面，輔大可說是全國大學的典範，今年更得到全台原住民單位最佳主管、工作人員獎。面對有許多天主教教友的台灣原住民，我們的確盡到社會責任。

二〇一七年，輔大醫院開幕，對於身為天主教大學的輔大而言，醫療最能履行《聖經》上「敬天愛人」的福音精神，同時以醫療傳愛的理念。四年下來，從慘淡經營到接近平衡，得到鄉親和全校師生的好評。除了專業醫術之外，輔醫最重視的是如何救助貧困民眾。曾經有無身分、無健保的外籍移工求助無門，而輔醫讓他重生。天主教會不但珍視每一個生命，更特別要去照顧沒人注意到的弱勢小兄弟（瑪25：40），我們要用醫療來使台灣社會更有愛，讓每個人更能感覺到來自上主的關懷，而有滿心的溫暖。

六十年以來，輔大在前幾任董事長的帶領，以及各位校長、教職同仁的努力下，有了長足的發展。在我任職董事長的十二年間，校長江漢聲所領導的治校團隊，在少子化、更競爭的險峻環境中，使輔大百尺竿頭、更進一步，謹代表輔大董事會深表敬意，也期盼未來傳承的團隊能繼續發揚光大，開啟新的契機，就如我們在台復校的首任校長于斌所寫的校歌歌詞：「祝我輔仁，其壽千春！」

辛丑年於輔大

前言

輔一甲子仁

江漢聲　輔仁大學校長

人生六十是大壽，又稱一甲子。一甲子就是走過一循環，十個天干和十二個地支，從甲子到癸亥，在古代就像一個世紀。輔仁大學在台灣新莊復校，到二〇二一年就是走了一甲子，要重新開始另一個新甲子。

我們想在走到這一甲子的尾聲中，去回顧六十年的成長。「君子以文會友，以友輔仁」，六十年來，輔大匯集了多少校友？這些輔大的校友為台灣社會又做了多少仁善之事？我很榮幸，在這個時候能以校長身分為輔大服務，所以，用這個念頭來看一甲子的輔大，對承先啟後的我們來說，有激勵的作用。

從「時光藝廊」的剪影中，我們看到歲月瞬息所造成的巨變，從歷史演進的角度來看，是愈來愈快速的，尤其這十年，整個大學改觀。

在硬體建設方面，我們有許多新大樓、新設備，因世界大學運動會而蓋的標準足球場，有自己的醫學中心級醫院；更豐實的是，在世界大學排行榜上大躍進，通過各種專業國際評鑑，甚至有四位體育選手在奧運場上奪牌。

在台灣，這是一所擁有最多學生的私立大學，橫跨最多領域的綜合大學，也是華人世界唯一直屬教廷的天主教大學。然而，它也是不斷在追求聖美善真、創新發展、邁向國際的現代化大學。目前有超過二十萬名輔大校友分布全世界，而輔大在多項評比上都是為企業所愛，也創造出許多成功的企業，這就像為台灣輔一甲子的仁。在眾多傑出校友中，精選五位校友的故事，收錄在此書中，他們的孝愛、勤奮、創業、誠真、奉獻，就是樞機主教于斌在校歌中所說的「吾校之魂，聖美善真」。而他們成功的人生歷程，也僅是眾多輔大人中的代表而已，還有更多感人的成就孕育自新莊一隅，就如仰望夜空，有無數星星熠熠閃耀。

六十年前，輔大的方舟在這裡開航，在新莊的好田裡播種愛和希望的麥子，如今已蔚成麥穗之海，有十二個學院和進修部圍成的黃金冠冕，就是這間大學的指標。

大門入口有一個擁抱型的十字架，歡迎所有來訪的客人。走到學校盡頭，會看到方舟聳立在左前方，那是我們成立四年的醫院，夜幕低垂時，船身正中亮起一個大大的十字架，成為方圓四周光明的指引，病累愁苦之人歇息慰藉的一個方向。

這座輔大的方舟將要繼續前行，正如《聖經》所說「划向深處的未來」，那裡，會有更意想不到的驚喜和收穫。

辛丑年霜降於輔大野聲樓

楔子

時光藝廊

一張張黑白、泛黃的老照片，
象徵輔大六十年來許多重要片刻。
來一趟時空微旅行，
回首過去的筆路藍縷。

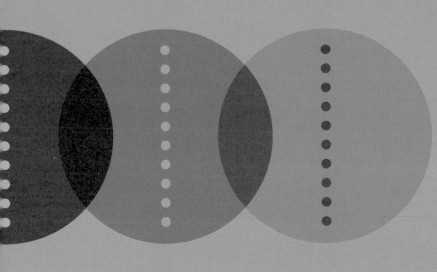

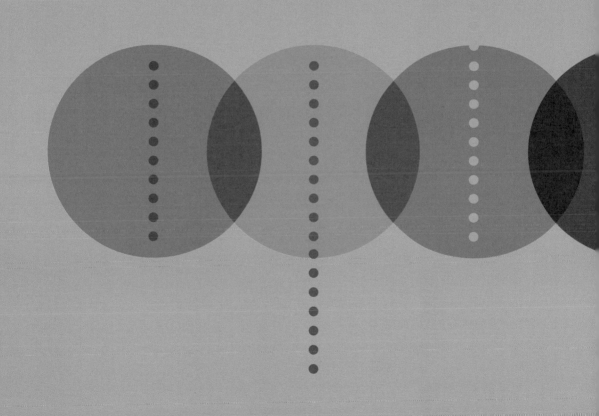

始動

歷經戰爭時期，從北京輾轉到台灣，
總主教于斌擔起復校重責，
在他奔走募款、勘選校地之下，
輔仁大學從新莊水田裡開始萌芽。

◀輔仁大學校地現址的原景，曾經是一大片的水稻田。

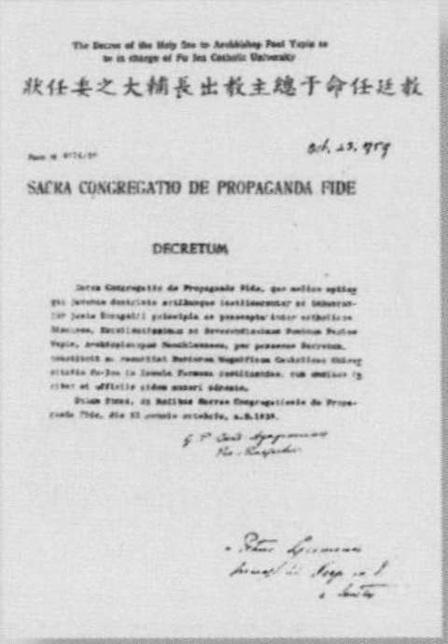

The Decree of the Holy See to Archbishop Paul Yupin to be in charge of Fu Jen Catholic University

教廷任命于總主教出長輔大之委任狀

SACRA CONGREGATIO DE PROPAGANDA FIDE

DECRETUM

▶一九五九年，羅馬教廷任命于斌做為籌備輔大的首任校長。圖為教廷給于斌的委任狀。

A
CATHOLIC
UNIVERSITY
FOR
FORMOSA

A PROJECT OF THE HOLY SEE

Sponsored by
Richard Cardinal Cushing
Archbishop of Boston

◀籌備初期，總主教于斌曾經到美國募款。圖為募款手冊。

▲為了讓輔大在台復校，于斌（右）在樞機主教雅靜安（左）陪同下，晉見教宗若望二十三世（中），以獲得教廷支持。

◀復校初期，從遠處眺望輔大校園的樣貌。

▼蔣前總統夫人蔣宋美齡（左一）參與輔大復校後第一屆畢業典禮。

立基

在台復校初期的路途艱辛，有賴中國聖職、聖言會（及聖神修女會）、耶穌會三單位的協力，一步步為校務奠基，打造出輔大的雛型。

1. 一九六三年，隸屬中國聖職單位的文學院文華樓落成。2. 一九六六年，隸屬耶穌會單位的法學院男生宿舍仁愛學苑落成。3. 一九六八年，隸屬聖言會單位的舒德樓落成。

◀ 為了保障輔大師生進出校門的安全，一九六九年，救國團興建輔仁橋。

▲ 復校初期，校園全景外觀。

▲ 復校初期的校園規劃草圖。

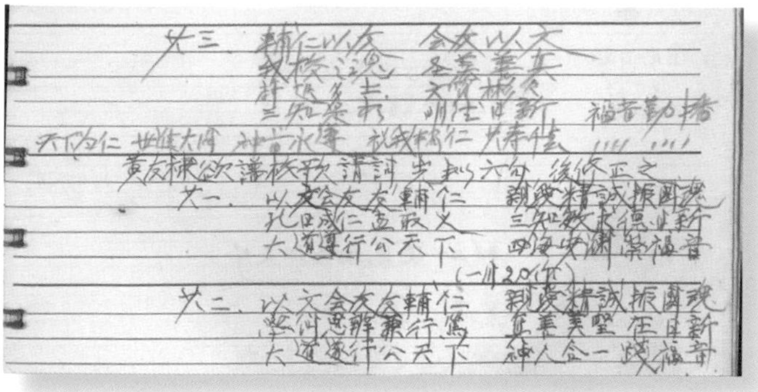

▲ 一九六二年，校長于斌親自撰寫輔大校歌歌詞。

▶ 輔大邀請名作曲家黃友棣幫校歌譜曲。

▶ 自從捷運中和新蘆線開通之後，師生往返輔大的交通更為便利。

▲ 一九六六年五月，台灣省公路局將新莊線班車的終點站延伸至輔大校園內。

◀ 一九七九年，聖堂淨心堂落成，是輔大信仰生活中心。

凝聚

以古羅馬城為設計藍圖的「中美堂」，
在教宗的祝福下，誕生於輔大。
多年來，不只展現許多精采時刻，
更承載師生的共識與心意。

▲輔大請知名建築師殷之浩負責規劃興建中美堂，是當時世界上少數無直梁建築，以七十根弧形梁柱支撐圓頂，將全部重量平均分散到基座各處。

First Lady Opens New Hall At Fu Jen U.

The China News, 1970.6.24

◀一九七〇年六月，中美堂落成，圖為董事長蔣宋美齡（上圖左一）參加輔大第四屆畢業典禮及中美堂落成典禮的報導。

◀蔣宋美齡（左三）蒞校主持中美堂落成剪綵，于斌（右二）到場歡迎。

◀中美堂的圓頂造型，意指以天壇為師，而圓頂之下的波浪拱圈設計，則是取法於羅馬競技場。

2 | 1
3

1. 桌球國手林昀儒（右二）在中美堂內為大專籃球聯賽開球。2. 中美堂內部的座位設計，能夠提升觀看比賽的臨場感。3. 中美堂是輔大畢業典禮和學生拍學士照的重要場地。

成長

熱愛藝文的前校長羅光從文學院開始，
到之後的藝術、教育、傳播等學院，
開啟輔大的多面向發展，
一步步穩定茁壯。

▲「萬馬奔騰圖」是第二任校長羅光的畫作，紀念一波波外國傳教士把福音傳到東方的無私奉獻行為。

▲羅光（右）認為，天主教帶有歐洲文化的型態，但當它進入不同民族裡發展時，在思想和儀式上應該接受該民族的傳統文化。圖為羅光與第三任校長李振英（左）在中美堂主持全校祭天敬祖典禮。

▲由文學院中文系成立的東籬詩社，致力於研習中國古典詩詞吟唱與表演藝術。

◀校內的荷花（左）與烏龜（右），是文學院師生的共同回憶。

▶文友樓為中國聖職單位所建，中式紅磚瓦建築是其特色，也是目前傳播學院的所在地。此種建築特色也延續至藝術學院大樓和教育學院所在的文開樓。

擴展

創校數十年來，
理工、外語、民生、織品服裝等學院陸續設立，
多元創意的全方位發展，
豐富了輔大的科學與文藝氣息。

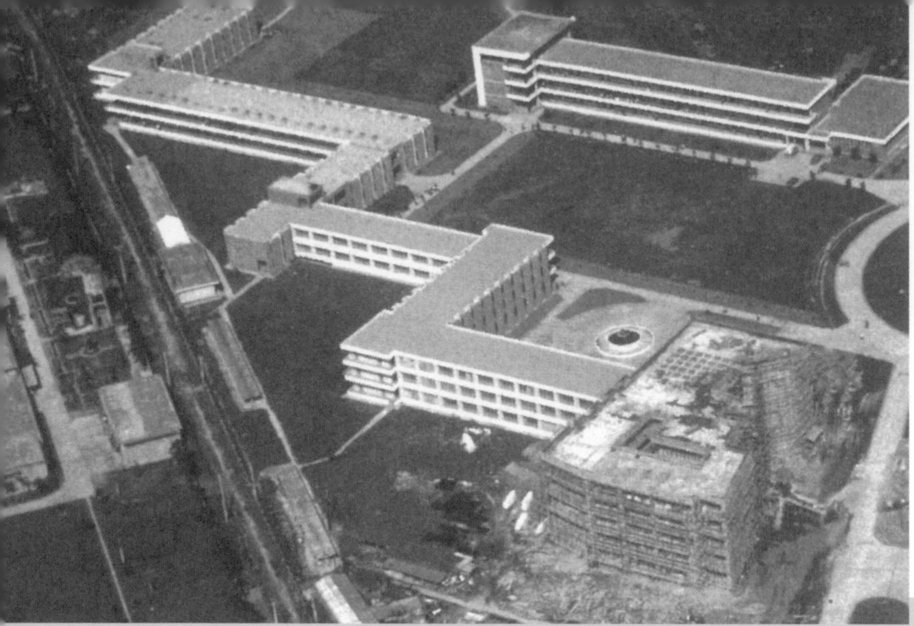

▲理工學院建築採中國圖騰龍形設計，主要希望輔大學子們能成龍成鳳。

◀一九六三年落成的宜真學苑（女生宿舍 A 樓），仍屹立於校園。一樓現為創意設計中心。

▶雕塑家楊英風的名作「正氣」，就座落在理工、外語、民生、織品服裝學院之間，是輔大的重要地標。

▶灰白砌嵌石片是聖言會的建築特色。圖為位於理工學院與外語學院旁的梅花綜合教室。

◀一九八〇年代成立的外語學院包含六種語文學系，每年皆會以演劇呈現各自特色。

▼未來的新理工大樓，內部全新的實驗空間將於二〇二二年落成。

革新

隨著法律、管理和社科等學院成立，近年又積極突破，隨後加入醫學院，不但為校園帶來新氣象，更讓輔大躋身為一流綜合大學。

▲一九九〇年代，耶穌會成立法律、管理、社會科學等學院，再加上醫學院，讓輔大逐漸成為現代化大學。圖為法律學院。

◀近年來，輔大重新整合各科系的資源與發展方向，期許能為校園帶來新氣象。

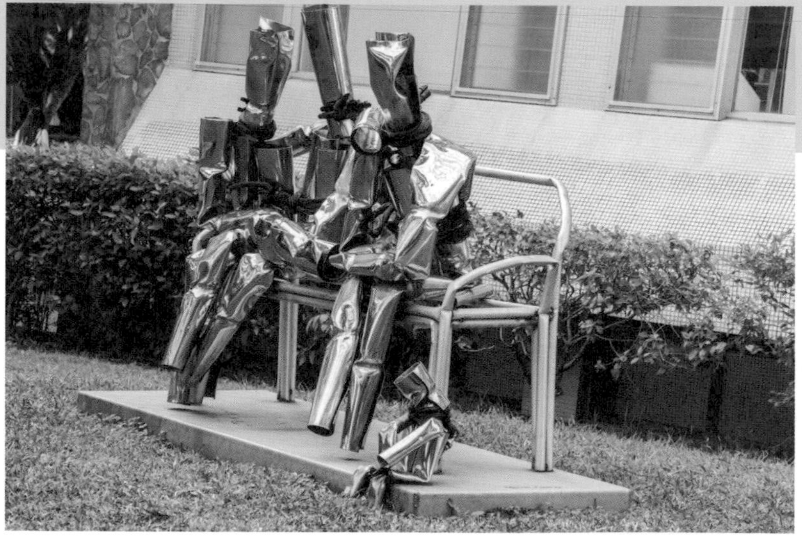

◀二〇〇〇年初，輔大在三單位帶領下，一步步成為台灣最具代表的綜合大學。圖為校內的朱銘公共藝術作品。

◀ 輔大成立醫學院後，宗倬章家族捐贈醫學大樓（倬章樓）。

▲ 藍白間雜的設計，是耶穌會的建築特色。圖為利瑪竇大樓。

▼ 新醫學綜合大樓（國璽樓）內有現代化設計的圖書館。

跨域

外型如諾亞方舟的輔大醫院，
融合與承載獨有的人文底蘊，
橫跨多元領域，激發出無限創意，
讓輔大脫胎換骨，走出嶄新的未來。

◀二〇一七年，輔大附設醫院落成，為輔大的跨領域計畫提供了豐富資源。

▲輔大為優久大學聯盟創始成員之一。圖為師長出席優久大學聯盟精進工作坊，探討跨校交流事宜。

◀二〇二〇年由民生學院研發出的「神父啤酒」，號稱被祝福的佳釀。圖為神父嚴任吉（左）與校長江漢聲（右）試飲。

◀二〇二〇年五月 MAC 病房發表記者會，時任美國在台協會處長酈英傑（前排中央）與衛福部部長陳時中（前排右二）皆出席。

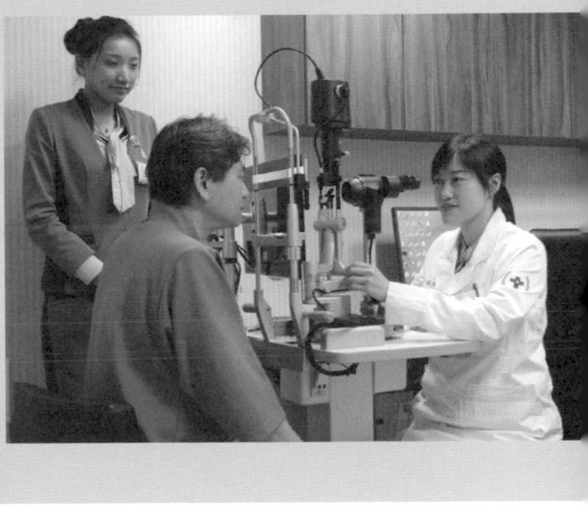

▶ 輔大醫院醫護人員與病人的服裝，是由織品服裝學系所設計。

◀輔大榮獲「2020 TCSA 台灣永續獎」之「大學 USR 永續方案獎」雙料銀獎，由學術副校長袁正泰（右）受獎。

躍進

從三鐵皇后吳錦雲、國手雲集的棒球隊和籃球隊，
到東奧四位奪牌選手，
從紅土操場、體育館到人工草皮足球場，
數十年來，輔大儼然已在體育界獨霸一方。

◀一九七六年輔大棒球隊成立，多年來培養眾多菁英職棒選手。

◀輔大籃球隊成立後，曾奪得四屆大專籃球聯賽冠軍。

▲二〇一二年以來，每年全國大專校院運動會中，輔大都拿下二十面左右的獎牌，排名約在全國第六名，一躍為體育強校。圖為郭婞淳在二〇一七年台北世界大學運動會舉重破大會紀錄並奪得金牌的時刻。

◀二〇一七年，世界大學運動會在台北舉行，輔大為此整建出全國最標準足球場和觀賽看台。

▲二〇二一年，輔大四位選手前進東京奧運，奪得獎牌。

▼除了體育，輔大同樣重視舞蹈藝術，其中的啦啦隊近年更是揚名國際。

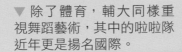

第一部

以愛傳承，輔仁致聖

一切始於六十年前的新莊農地，
以青春歲月滋養土地、豐沛學識培育人才，
先人無私的愛與奉獻，
成就富含人文底蘊的輔大校風。

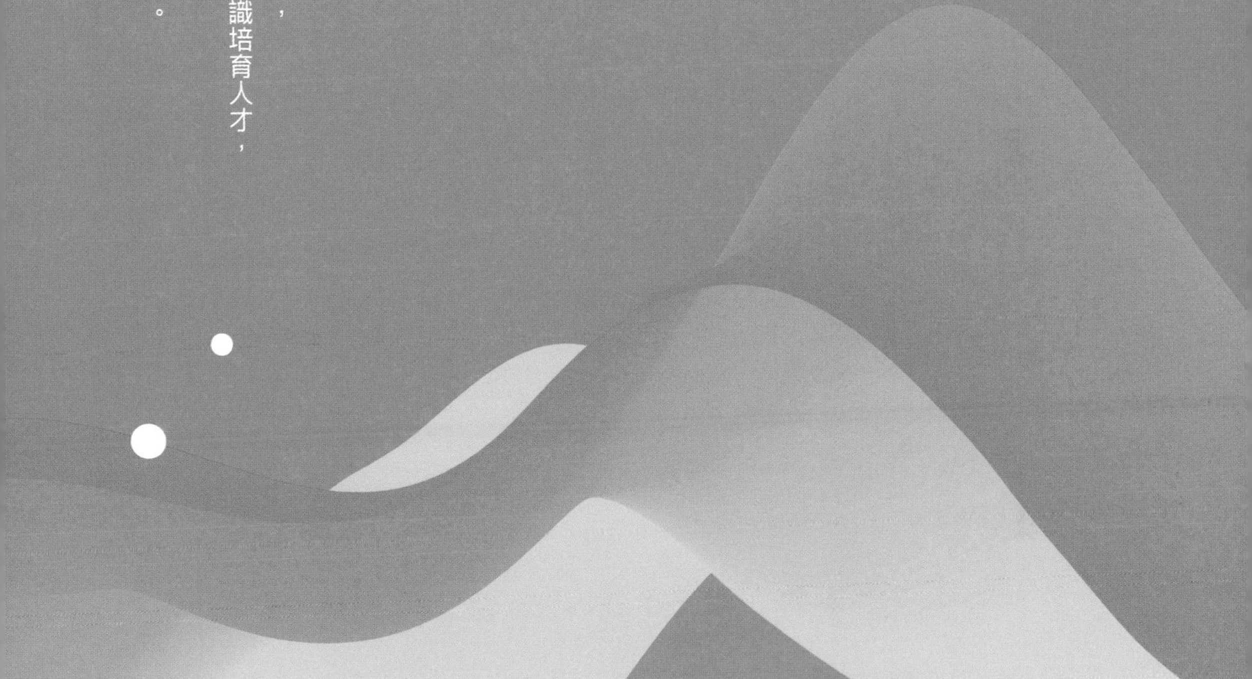

輔大在台灣生根的故事

樞機主教于斌的傳奇

輔仁大學（以下簡稱輔大）落腳新莊，成為大台北地區西側規模最大的大學，至今已經六十年。然而，大多數人不知道，其實輔大差一點要設立在高雄澄清湖（古名為大貝湖）一帶，當時在台復校籌備人員曾費時兩年，聯繫協調在高雄設校的事宜。

時任總主教的于斌也曾到澄清湖考察，當他眺望這風景優美的校園預定地，詩興一來，寫下「大貝湖勘校地」的詩句：「兩湖三山校地繞，中央東峙峰巒高……天佑輔仁宏造就，三德三知敦品學。」當時幾乎是大勢底定。

後來，因公私產權糾葛等複雜問題，還是決定回北部尋找校址，選中新莊泰山附近，是因為占地遼闊，遙望觀音山與淡水河，地靈人傑，將來發展

◀輔大校門真善美聖廣場上的「擁抱十字架」，出自校友雕塑家楊英風之手，十字架兩臂向內微彎，蘊含擁抱世人之意。

真善美聖

性高。果不其然，許多修會紛紛在泰山建立起來，以輔仁大學為中心，儼然形成「小梵蒂岡」。

從北京到台灣新莊復校，歷盡滄桑

在台復校的過程，非常崎嶇。

一九二五年成立的北京公教大學，名列北京四大名校之一，延續了明末清初耶穌會傳教士的「學術傳教」傳統，歷史悠久。一九二七年，更名為北京輔仁大學。

輔仁大學在北京是名校，即使對日抗戰時，仍未隨政府與大部分學校西遷，一直到中共控制北京，一九五二年將北京輔大併入北京師範大學。

當時，已經來台的輔大校友不願意學校就此消失，因而成立校友會，以復校為中心工作。一九五六年，向教宗呈遞請願書，經多重波折，教廷終於同意在台灣重建輔仁大學。

「輔仁」出自論語：「君子以文會友，以友輔仁。」

◀一九二五年成立的北京公教大學，名列北京四大名校之一，於一九二七年更名為北京輔仁大學。

以詩書、禮樂的修養做為朋友情誼的基礎，以朋友間交流切磋來促進道德完善，進而期許學生如此學習。輔大校歌的歌詞就是時任校長的于斌親寫：「輔仁以友，會友以文；吾校之魂，聖美善真；三知是求，明德日新；蔚起多士，文質彬彬；福音勤播，天下歸仁；世進人同，神旨永遵；祝我輔仁，其壽千春；祝我輔仁，其壽千春。」

輔大的校歌，就把輔仁的意涵延伸到「聖善美真，敬天愛人」，由當時的音樂大師黃友棣作曲，旋律動聽，鏗鏘有力，輔大的精神於是在台灣生根。

于斌榮任復校首任校長

復校後的首任校長人選，羅馬教廷最屬意于斌。于斌擁有哲學、政治學、神學三個博士學位，具語言天分，能流利說出十一種語言，例如英、德、法、義等，並且在天主教神職中地位崇高。

他與政界人物如蔣家父子、陳誠等有交情，又擅長國際外交。對日抗戰期間，他曾八次前往歐美國家，到處發表演說，爭取國際援助。我國得到的第一批美援，就是于斌的功勞。

他從小就是個領袖人物。一九〇一年，于斌誕生於中國大陸黑龍江省蘭西縣，六歲父亡、七歲母亡，由祖父母扶養長大，十四歲在祖母影響下受洗為天主教徒，十六歲以第一名考進省立第一師範學校，十九歲被推派為校方響應五四運動的學生總代表，並領導抗日大遊行。二十歲，他獻身教會，決心效法施洗者若翰「以自己為曠野的呼聲，為救世主開路、修路」，因此自號「野聲」。

後來，于斌進入吉林神羅修道院，再被保送到羅馬傳信大學，陸續拿到三個博士學位。學成後，自羅馬返回中國大陸，積極投入濟世愛國的行動，號召全國教友擁護對日抗戰國策，進行醫護、救助等工作，更曾受前總統蔣中正邀請，前往歐美各國爭取對日抗戰的同情及援助。

于斌與輔大淵源很深，三十四歲便受聘為北京輔大董事及倫理學教授，曾兩度訪台，後來更受輔大校友之託，向羅馬教廷表達在台復校的願望，並呈遞與輔大相關的復校建議：建立一所擁有十個學院的現代大學。

教廷與教育部的全力支持

中共政權不尊重信仰自由，時任教宗若望二十三世，發動全羅馬教民為

▶于斌（左一）關心輔大學生事務，出席體育競賽的頒獎典禮。

▲輔大於中山堂舉行在台復校後第一屆畢業典禮。蔣前總統夫人蔣宋美齡（左）接受出任名譽董事長聘書。

中國被迫害教會祈禱，也希望台灣做為華人天主教會的磐石，在這樣的局勢下，於台灣重建天主教大學有其意義。而丁斌受台灣政治高層敬重，由於復校須取得政府同意，于斌在宗教界身分崇高，天主教輔仁大學在台灣得以順利復校。

當時的教育部高等教育司司長羅雲平曾撰文說明這段經歷，指出復校有兩個要件：經費和政府同意，「這兩個互為因果的條件，一時無法解決，于斌焦慮萬分，陷於極大的困惑之中，多次失眠，一再求我幫忙。受他辦學真誠感召，我終於以私人身分，出具一份英文信，內容主要說明，如果輔大在台復校獲有經費之支持，我

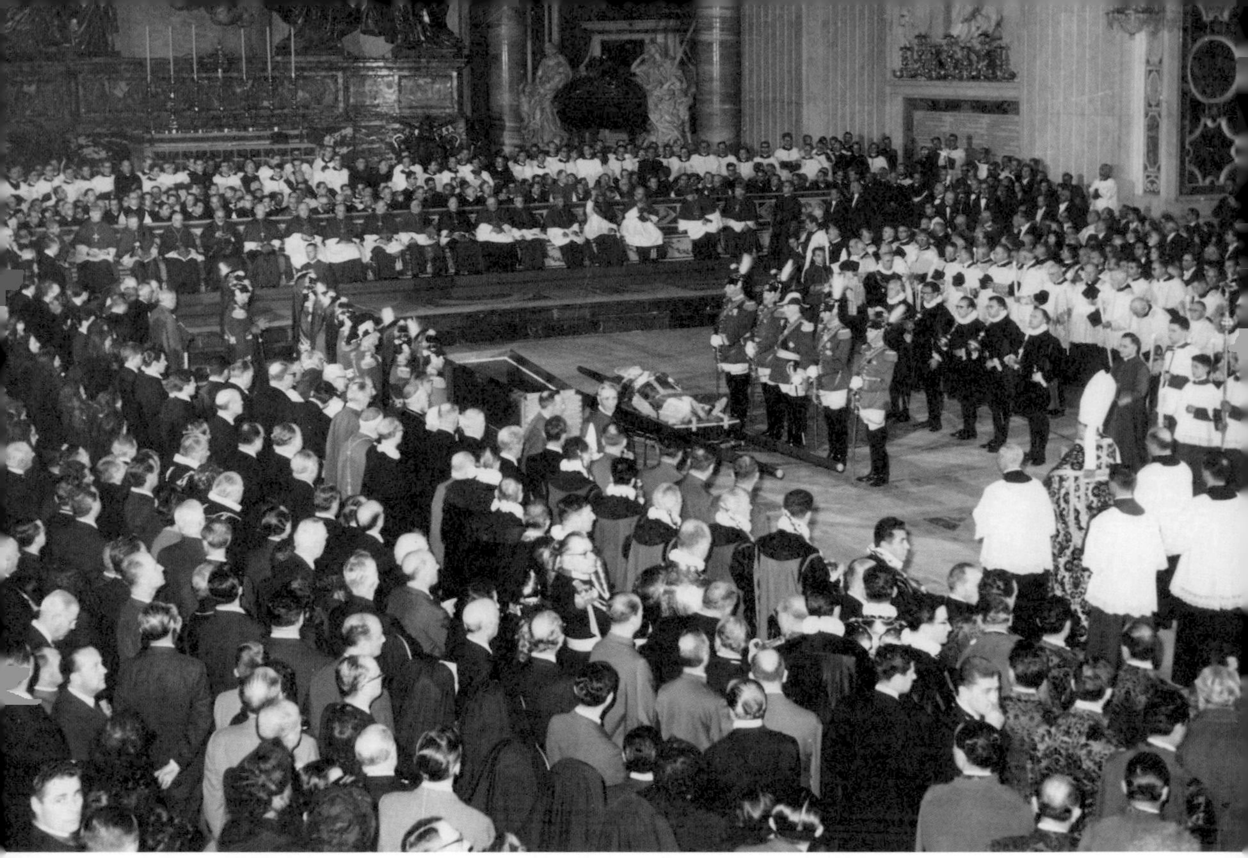

▲感念於于斌終生的貢獻，教廷在梵蒂岡聖伯多祿大殿為他舉行殯葬彌撒。

們樂見其成。」

也就是說，經費是復校成敗的主因，而啟動經費為一百萬美元。一九五九年，于斌展開籌款事宜，拿著羅雲平的這封信前往羅馬。教宗接見于斌，允諾捐款十萬美元，並委任于斌擔任校長，于斌前後接觸七個教會團體籌款，最後由中國聖職、聖言會（及其合作的聖神傳教修女會）、耶穌會三個單位共同出資，並協議分治，且各設立一位院務長，分別負責不同學院的行政、財務和教學。耶穌會負責法學院與商學院，聖言會負責理學院、外語學院，中國聖職負責文學院，還

有聖神修女會籌辦家政學系並管理女生宿舍。

一九六一年，輔大招收第一屆學生，共八位哲學研究所的新生，由於校園尚未建設完成，便先在台北市吉林路的復校籌備處開始上課，于斌同時任命三單位神父修女擔任學校主管。

籌備處面積很小，是兩棟三層樓半的磚造房屋，連容納一個系都不夠，但研究所還可以。於是，九月十四日口試、九月二十日開學，輔大在台復校，就以這一天為正式日期。一年半之後，新莊校地才開始整建動工。

日後回憶這段歷史時，于斌寫道：「我們謝謝教育部，在兩年前給我便利成立『哲學研究所』，可是『哲學研究所』上邊有幾個字，大家也要注意，『輔仁大學文學院哲學研究所』，這一下不但哲學研究所成立了，文學院也成立了，我們也不客氣，不但文學院成立了，輔仁大學也成立了。」他當時還頂著「輔仁大學文學院院長」的職銜。

接軌國際，營造開明校風

事實上，輔大以教會學校的校風，真善美聖的校訓，成立不久，就成為當時台灣最好的私立大學。

國際化、作風開明，是于斌校長的治校特色。

因為于斌與教廷的關係，一九六七年，日本京都產學大學校長曾率團到輔大訪問，而輔大也曾接待外國交換學生，加上輔大很多擔任主管的神父修女都來自世界各國，所以輔大很早就與國際化接軌。

在作風上，一九六〇年代的輔大學生已經可以留長髮、穿便服，當時其他學校的學生都只能穿制服、剪短髮。

▲雕塑家楊英風所製作的樞機主教于斌像。楊英風是由于斌所推薦，獲得前往羅馬學藝術的機會，後來成為一代公共藝術雕塑大師。

曾有學生詢問髮禁問題，于斌表示：「我對這個問題沒有什麼意見，因為它並不是一個重要的問題，大家都是年輕人，多少總有點厭故喜新，這是免不了的，但是弄得怪誕不經，太過於放浪形骸，甚至不注意自己身體的健康去蓄長髮、著奇裝，我覺得那也不能算是做人的正規辦法，只要不太過分，不違反禮俗，我是沒什麼意見的。」

于斌不但開明，「更是個有擔當的人，」創校初期就在輔大服務的神父谷寒松回憶：有一次，某個重要儀式現場布置了天主教聖人人像和蔣前總統人像。戒嚴時期的台灣，放元首照片是很正常的事，但卻抵觸天主教規範，於是有人上報教廷。當時的于斌直接回覆「台灣的事由他負責」，後來教廷便沒有再追究這件事。

爭取支持，艱辛度過草創期

于斌政經關係好，也是當時台灣的宗教代表領袖人物；尤其是和當時的第一夫人蔣宋美齡有很好的互動，蔣宋美齡篤信耶穌基督，對輔大的支持也不遺餘力，甚至也受聘為輔大第二任董事長。

為了感恩他們伉儷對輔大的幫忙，特別把校園裡德國人建造的一座設計別緻、無梁柱的大禮堂取名為「中美堂」。時至今日，中美堂還是輔大象徵的地標建築。

身為校長的于斌，一開始往往需要整合各方意見，難免耗費心神；所幸，各單位都懷有

讓校務順利運行的共同目標，因此，仍尊重與信任于斌最終的決定。在他帶領的數年內，輔大逐漸度過這段艱辛的草創時期。

于斌出身東北，身材魁梧，相貌英挺，年輕時即是美男子。他在眾多成就中最令人緬懷的就是使輔大在台復校。

長眠在最愛的校園中

一九七八年，任職十九年的于斌決定卸下校長一職，教廷隨即委任他為輔大總監督。難以預料的是，時任教宗保祿六世逝世，剛卸任的于斌趕往羅馬參加喪禮，自己卻在羅馬心臟病發過世。

感念於于斌終生的貢獻，教廷在梵蒂岡為他舉行殯葬彌撒，共有九十三名樞機主教為其送孝，備極哀榮；之後更把靈柩空運返台，讓他長眠於辛苦籌建的輔大校園，供後世瞻仰。

于斌是天主教會華人的偉大領袖，他使輔大在台灣生根的故事就是一個傳奇，正如《聖經》中的施洗者若翰，在曠野中以呼聲為救世主聞道。如今，輔大從「野聲樓」開始，一棟棟建築在過去的水稻田中矗立，就是他所開出的道路！（文／彭漣漪）

▲從輔大附設醫院十五樓俯視輔大校園一景，圓頂造型建築物為「中美堂」，是最具代表性的建物。

默默耕耘這塊福地的天使

奉獻輔大半世紀的「新台灣人」

輔仁大學是天主教大學，與一般大學很不同的是，從建校以來，校園內有許多天主從世界各地派來的神父及修女，他們多半在二十歲、三十歲的青春年華，遠離家鄉，到陌生的台灣，一輩子無私奉獻。

特別令人尊敬的是，他們多半飽讀詩書、帶著一身的學問，奉行學術宣教的教會旨意，諄諄教育與他們年齡差異沒有很大的台灣大學生。教書之餘，他們還兼任學校、教會行政等重要工作，甚至肩挑行善濟世的大型計畫，以一輩子的時間，耕耘出不凡的成果。

事實上，這是一種天主教大學的校風——樸實無華中，充滿了愛。這些神父修女們始終是孤伶伶一個人，從年輕、充滿活力，到白髮蒼蒼、逐漸老去，他們只知道照顧、教育學生，看著學生成長茁壯，這也是很多家長放心把孩子交給輔大的原因。

▲輔大建校以來，許多神父修女遠渡重洋，用一輩子的時間奉獻所學與愛，讓學生成長茁壯。圖為野聲樓大廳。

學術副校長袁正泰說，不少畢業校友在校期間，曾深受神父修女們的精神所感動，這也促使他們在事業有成之後，願意積極回饋母校。

神父柏殿宏：用科學與哲學推動轉型

「若一個新的idea能讓別人以為是他的idea，他就會很認真去做，」神父柏殿宏（Fr. Frank Budenholzer）信手拈來，就是一句哲學與科學兼具的話。他擁有哲學與化學學士學位，碩士念的是神學，「《聖經》說，天主用七天創造萬物，這是很文學的表

◀柏殿宏從教授化學課的專任老師，一路成為化學研究所首任所長，以及理學院院長，用豐沛的學識培育人才。

達，我是學科學的人，也很能接受，」在他身上，處處可見他海納百川的包容。

小學時，柏殿宏就想當神父，別人覺得特別，他卻認為這個選擇如水會往下流般理所當然。二十七歲，他在聖言會發終生願，頂著伊利諾大學（University of Illinois）物理化學博士學位，來到千里之外的台灣輔仁大學。

遠渡重洋，對很多人來說是改變人生的大事，但在他眼中，也只是很單純的一件事，「我來台灣，學了兩年的中文。有人說學中文很麻煩，但我就是一樣一樣學起來，就好了。」虔誠的信仰讓他隨遇而安，隨遇而安後，也為他帶來成就。在輔大，他從教授化學課的老師，一路成為化學研究所的首任所長，以及理學院（現為理工學院）院長，更培育出很多好的老師。

用愛與學識拉拔輔大成長

「輔大是由中國聖職、耶穌會、聖言會（及其合作的聖神修女會）共三個單位在台復校，雖然彼此合作融洽，但看在教育主管機關眼中，大小事總需要三個單位都同意的這點不是很妥切，他們覺得看輔大的報告，很像在看三個學校的內容。一九九八年我從美國回來，與校內師長推動三單位合併，過程很順利，」柏殿宏三言兩語細數了輔大的轉變，之後，他更肩負起輔大董事的重責。所有的過程，對他來說都只是枝微末節，「很多人都覺得我們輔大人的認真與愛校很特別，這也成為輔大的特色，」他不著力氣的回首過往，仍繼續把心力放在推動輔大前進的腳步。

「我很支持輔大發展醫院」、「當然，醫院有需要面臨的挑戰，像是這次的新冠肺炎（COVID-19）疫情，一開始雖然受點影響，但現在也逐漸穩定上軌道，可是很不錯的。」輔大附設醫院（以下簡稱輔大醫院或輔醫）是輔大復校六十年開枝散葉之後的新枝枒，迎風展現一片鮮綠，生命力茂盛。

對於和輔大已經相處四十多年的柏殿宏來說，輔大猶如他疼愛的孩子，「我在一九七八年到台灣，有台灣的身分證，每年回去一次美國，有空也會看望家人。」他用自己的青春歲月滋養這塊土地，用豐沛的學識培育人才。很多人認為化學就是在燒杯內調和多種液體的過程，也許在台灣落地生根、以校為家的柏殿宏，隨著時間的流轉，不知不覺也把自己調和在輔大之中。

神父谷寒松：台灣痲瘋病人的天使

來自奧地利的神父谷寒松（Fr. Luis Gutheinz），二十八歲時被耶穌會派來台灣，搭了五個星期的船才到亞洲，當時，輔大才剛在台灣復校。

他擁有神學博士學位，在輔大主要負責教授宗教與神學相關科目。「一九六八年，主教團決定用中文教神學，但當時神學沒有中文課本，我就負起責任，」谷寒松表示，輔大甚至為此成立了神學著作編譯會，由他負責，努力的一步步建立神學中文化課程，從書籍、文章及刊物，至今輔大已累積豐富的中文神學資料。

一九七五年，谷寒松受邀去拜訪新莊樂生療養院的漢生病患者（以前稱為痲瘋病），看見十二個人的身上滿是斑疹結節，全擠在一間小房間，他邊看邊發抖。

這畫面太過震撼，後來，谷寒松一個人騎著腳踏車回到輔大，直接衝進聖堂祈禱，哭得

▲谷寒松在輔大主要負責教授宗教與神學相關科目，更擔任樂生療養院天主堂的司鐸，負責病患的牧靈生活。

很厲害。半個小時後，他腦中興起一個意念：要把神學跟漢生病服務工作結合一起。

這念頭由心而生，影響了谷寒松接下來的人生，他擔任樂生療養院天主堂的司鐸，負責病患的牧靈生活，也聯合院內基督教、道教團體，向院方和省府衛生處發聲，積極爭取病患權益，而且一做就是四十多年。直到六年前谷寒松八十二歲時，一位波蘭來的年輕神父接下工作，他才真正放下這個擔子。

今日，「輔大學生成立漢生服務隊，幫助社會突破對漢生病的恐懼。每年會舉辦兩次特別活動，每次有二、三十位同學參加，我們也在樂生療養院辦了兩次園遊會。每個主日，我都會前往樂生療養院，因為樂生療養院對我來說就像個家，我在這裡體驗到主的救恩，因愛與我們同在。若用這道理教書，相信學生也會明白，」谷寒松說。

樂生療養院中，約有五十多人因谷寒松而受洗信主，更有許多人成為他的朋友。而跟著他到樂生療養院服務的輔大學生們，也深刻體悟到生命的關懷與價值。

漢生病在《聖經》裡有很多記載，病人是被社會所遺棄的，在醫療不發達的時代，病人更是見不得人，是醫院無法提供有效防治的慢性病。谷寒松對台灣漢生病患者而言，就如同是天主派來的天使，漢生病在台灣已經慢慢進入樂生療養院的博物館了，但是谷寒松帶領學生們所做過的病人服務，可說是《聖經》故事在台灣重現的一段歷史。

修女羅麥瑞：來自雲端、想著衣裳的美麗天使

一九六〇年代起，台灣是知名的紡織大國，其中，輔大織品服裝學系扮演了相當重要的角色。不但培養許多紡織領域專才，同時耗費五年編修出版《圖解服飾辭典》，統一學界與業界使用的服飾用詞；更與業界有關單位合力研擬，促使政府宣布《服飾標示基準》和《織品標示基準》法規。

創立輔大織品服裝學系的推手，就是開啟台灣織品教育先河、有「織品之母」的修女羅

▶不只是推廣織品教育，羅麥瑞更積極尋找、耕耘如何把本土文化元素融入織品服裝，並應用在產業與設計領域的舞台上。

麥瑞（Sr. Maryta Laumann）。

他出生於德國，一九六三年被修會指派前往輔大，在當時的家政營養學系教授基礎服裝製作與織品材料科學，同時籌備織品服裝學系。一九七〇年，台灣第一個織品服裝學系正式成立，並由羅麥瑞擔任系主任。一年後，他陸續到美國威斯康辛大學（University of Wisconsin）織品服裝研究所、紐約流行設計學院進修，回台後，引進全球服裝及流行產業動向、教育學習模式，直至今日。

羅麥瑞的整個生活，幾乎都被織品服裝系所環繞。這樣的精采人生，卻是從困惑、掙扎而開始。

對當時的羅麥瑞來說，一開始加入修會，是因為一心只想成為傳教工作者。因此，當修會要求他學習服裝知識時，他困惑的在心裡吶喊：「我想做的是福傳，跟學服裝行業有什麼關係？」不斷問自己，「這是天主要我走的路嗎？」他閉眼打開《聖經》，將手放在其中一頁，找到一句奇妙的聖言，經過閱讀慢慢反省、祈禱、思考，內心漸漸理解、也肯定天主的旨意：「好吧！天主，就答應我，祢是董事長，我就當祢的執行長。」隨後，心情感到平安，也能夠勇敢面對未來，便全心投入，往織品服裝學領域發展。

一路走來，羅麥瑞擔任系主任十五年、所長九年，系務繁忙，也遇到非常多祝福。他在內心對自己說：「Bloom where you are planted.」（被種植在何處，就在那處開花。）相信天父自然有祂的旨意，把一切交給祂，全心勇敢走向服從的路，必有天主的祝福陪伴。

早已在台灣落地生根五十五年的羅麥瑞，不只是推廣織品教育，更積極尋找、耕耘如何把本土文化元素融入織品服裝，並應用在產業與設計領域的舞台上。像是總統府藍廳、綠廳的地毯及室內織品設計，以及圓山飯店椅套、被套等合作案，都充分發揮出台灣獨有的織品特色。

未來，他更期望有機會繼續推動本土代表性的服裝（Taiwan Dress），在國際舞台上展現原住民、閩南、客家等多元族群的服飾，讓更多人都能認識台灣。

織品服裝學院在二〇一七年成立，成為輔大第十二個學院，圓了輔大校徽光環上第十二顆星星，也是最獨特、最閃亮的一顆星，羅麥瑞就是織品學院的推手。他剛來輔大時是一位德國美少女，而最近從新北市市長侯友宜手上接過台灣人的身分證。他還是很美，輝映著華人的旗袍、苗族服飾、原住民的服裝圖騰，這些都典藏在織品學院的中華服飾文化中心，而把這些美編織起來的就是來自雲端、想著衣裳的羅麥瑞。

神父詹德隆：播下服務學習的種子

神父詹德隆（Fr. Louis Gendron）出生於加拿大的虔誠天主教家庭，是家中獨子，父親是醫師，家中數代都有神父、修女。從中學開始即進入耶穌會辦的學校，嚮往修道生活。父親對於他進入耶穌會及來到台灣傳教的情形，心中不捨，多次落淚，便在家中後院蓋了一坪大的小屋，上面掛了一個「TAIWAN」的牌子。當全家想念遠在台灣的詹德隆時，就會到小屋裡坐坐，據說這裡後來成為全家最受歡迎的角落。

詹德隆歷任多項職務，曾在輔大法國語文學系兼任講師，後來擔任耶穌會駐輔大代表、使命副校長及董事等職務。

詹德隆的學術專長是諮商和倫理學，以專業結合了中華文化傳統對倫理的重視，為學校全人教育課程中規劃「專業倫理」這門課，除了希望提高學生對社會的正義感與責任感之外，也希望每位從輔大畢業的學生能了解天主教教會的倫理觀與社會關懷。效果不錯，更成為輔大的特色課程。

▲輔大的服務學習項目，最早就是由詹德隆所引進和推廣，至今已成為學校的特色之一。

第四任校長楊敦和任內，詹德隆向荷蘭 Stichting Porticus 基金會募款，開始在校內播下服務學習的種子，並派遣神父嚴任吉和宗教學系教授莊慶信前往美國學習。

為了順利在全校推廣服務學習，詹德隆不但申請五年的教育部計畫，積極推動專業型服務學習課程，更親自說明、一一邀請老師在課程中加入服務學習的元素。多年後的現在，服務學習項目不但成為輔大的招牌，更是全國大專院校競相仿效的對象。

比起許多傳教士拿到學位後就終生於輔大服務，詹德隆在輔大的時間並不是很長，但他交遊廣闊，在校園各角落，從主管、老師到職員工友，都有他的朋友。

中美堂整修前，裡面有個理髮鋪，小小的空間中，掛著一座來自義大利的美麗聖像，那是經常去理髮的詹德隆出差時為美容師帶回的禮物。擅長諮商的他曾說：「教室內，老師和學生有不同的地位，但在天主面前，大家都是平等的。」輔大何其有幸，有這麼一位為大家活出福音精神的神父。

把輔大耕耘成福地的「新台灣人」

輔大在台復校六十年，在稻田中冒出來一棟棟愈來愈新穎、愈來愈現代化的硬體建設；然而更有意涵的是，許多來自世界各地的天使，在這塊福地上播種、耕耘，奉獻出為人群服務、照顧弱勢的愛，更激發學生成長，培養出跨域、創新的思維與機會。

這四位天使代表，雖然國籍、專業不同，但他們都在台灣、在輔大生根，與輔大學生、台灣人民凝聚成一個堅強的生命共同體，成為新台灣人的一員。生活的互動連結與在地的公民意識，讓他們深度認同這個生活了數十年的地方；這也是輔大成就了六十年的教育志業，放眼未來最令人欣羨的一股力量。（文／彭漣漪）

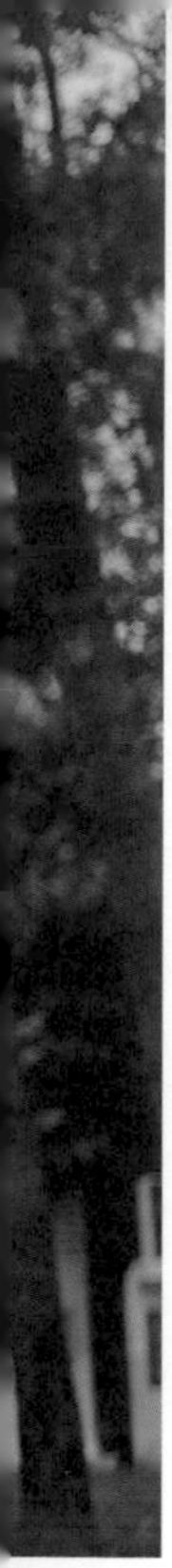

從傳統到現代化，飛躍的黃金十年

輔大轉型成功的歷程

一九七七年，于斌退休。一九七八年，教廷計畫性培育的天主教本土菁英總主教羅光，接任輔大校長，在接下來的十四年任期內，展開輔大艱辛重建後的奮力發展新階段，募款與建行政大樓，首次讓教務、訓導、總務三處集中辦公，讓輔大邁向組織化發展。

在羅光任內，增設了九個學系、十三個研究所，包括宗教研究所，是台灣第一個教育部承認的宗教學術教育機構，擁有一萬五千名學生，並且以幾乎一年一幢的速度興建大樓，大幅度擴展輔大的規模。

值得一提的還有，在全台七所天主教醫院院長聯名呼籲輔大為醫院培育醫事人才訴求下，羅光排除萬難，完成募款籌建醫學院（經費幾乎等於籌建一所大學）的不可能任務，雖然只有心理復健（現為臨床心理）、公共衛生等系，但仍然啟動了。

▲歷經六十年的淬煉，輔大蛻變成一所現代化的大學，如今更要邁向新巔峰。

從今日來看，一九九〇年成立的輔大醫學院，以及二〇一七年正式營運的輔大附設醫院，都在這些年大幅提升輔大的研究能量，而這在輔大能於世界大學相關排名方面有所躍進，扮演關鍵因素。

接下來的校長，依序是李振英、楊敦和、李寧遠，任期皆四年，之後是任期八年的校長黎建球，他們在羅光建構的基礎上，帶領輔大穩定成長，各有建樹。

整合校務，步上軌道

李振英期間，正逢台灣解嚴，他在校內推動民主及大學自治精神，甚至開放學生代表參與重要的校務會議。接任的楊敦和，雖然當時面臨因廣設大學而競爭激烈的大環境，他仍積極投入資源，期望能強化學校競爭力，同時提出建立第二校區的構想，以因應日漸增加的學生數。

之後的李寧遠，剛上任沒多久，便積極展開三單位的整合。雖然經歷了辛苦的磨合期，但在彼此互相合作、溝通的過程中達成共識，逐漸讓校務運作步上軌道。

等到黎建球接任後，輔大已成長為擁有約二萬七千名學生的大型學校。身為輔大在台復校第一屆哲學系校友的黎建球，在維持校務穩定運作之外，同時致力於精神層面的發展，推動「健康輔仁、愛心輔仁、正向輔仁」核心理念，引領輔大扮演綜合大學及教會大學的角色。另外，積極促成海內外輔大校友會的設立，每年固定舉辦聯誼或教育推廣活動，凝聚全球校友的心。

天主召喚的校長使命

時至今日，一般人所認識的輔大，是一所多元發展的綜合大學。二〇一二年，在剛上任的第八任校長江漢聲帶領下，輔大有了飛躍的進展。

「輔大從一所台灣私立綜合大學，蛻變為現代化、有醫院的大學，」江漢聲表示，他剛接任時，輔大可運用的資源並不富裕，一路走來，相當辛苦。

實際上，接下輔大校長職務，並不在江漢聲原本的人生規劃。他畢業於台灣大學醫學系、德國慕尼黑科技大學醫學博士，父親是台北醫學大學的校長（當時稱為台北醫學院），他跟隨父親的腳步在北醫大醫學系擔任教授，也同是泌尿科，奉父親之命去北醫把泌尿科發展起來。雖然江漢聲本身泌尿科的專業做得很成功，當過相關學會的理事長，但他更有興趣的是人文藝術和體育，更是個業餘鋼琴家。

原本以為人生就這樣順順的走下去，沒想到，從小信奉天主教的他，和輔大這所天主教大學，還是產生了連結。原本的江漢聲在北醫，一路從醫學研究所所長、系主任晉升到醫學院院長；後來，他被借調到輔大。原預計擔任輔大醫學院院長一年，後來延長到三年，再延

▲總主教羅光接任第二任校長，在十四年任期內讓輔大邁向組織化發展，更增設了九個學系、十三個研究所，大幅度擴展輔大的規模。

▲第三任校長李振英就任期間正逢台灣解嚴，在校內推動民主及大學自治精神，甚至開放學生代表參與重要校務會議。

到六年，做了兩任後，原本想回北醫，但樞機主教單國璽以「輔大醫務副校長」的職務，誠懇挽留，「這是天主的召喚，」他說，就這樣留了下來。

醫學系帶來的蛻變

江漢聲認為，自他擔任輔大醫學院院長以來，主要完成以下任務：興建新醫學綜合大樓、讓醫學系通過評鑑；擔任副校長和校長後就以設立輔大醫院為最大任務。醫學系及醫院，可說是輔大蛻變成現代化綜合大學的重要關鍵。

第一個任務是蓋新醫學綜合大樓，花了八億元，由知名建築師潘冀設計。他認為，不能

▲第四任校長楊敦和面臨因廣設大學而競爭激烈的大環境，積極投入資源，期望能強化學校競爭力。

▲第五任校長李寧遠甫上任便積極展開三單位的整合，在彼此互相合作、溝通的過程中達成共識，逐漸讓校務運作步上軌道。

用傳統思維做事，因此新醫學綜合大樓不應只是功能性建築，除了醫療場域之外，還能保有其他空間，例如寬敞的中央大廳、國際會議廳、圖書館等等。

剛開始經營時，的確很辛苦。新醫學綜合大樓一樓設有輔大診所，主要照護對象為輔大教職員生、神職人員和社區民眾；但寒暑假時，學生都不在，診所病人銳減，校方便需要出車接送鄰近的阿公阿嬤來量血壓、看診，維持一定看診量，並開始做社區醫療服務，為未來的輔大醫院鋪路。

第二個任務，是讓輔大醫學系通過台灣醫學院評鑑委員會（TMAC）的審查。江漢聲說明，當時，慈濟、馬偕、長榮、義守等學校都在申請醫學系，但政府審查嚴格，醫學系學生人數是被管制的，所以不容易通過申請。

繼慈濟之後，二〇〇〇年，輔大是第二間獲准可成立醫學系的學校。經過多年努力，二〇一八年，輔大醫學系終於通過醫學院評鑑委員會的審查，這代表美國也承認台灣的醫學系具備國際水準。輔大醫學系的名聲，就這樣逐步建立起來。

革命性的醫學教育

二〇〇二年，江漢聲就任醫學院院長，著手經營輔大醫學系，補足草創初期規模不足的地方。回憶這段往事，他屢屢強調，對於一間從前沒有醫學系、也沒有醫院的私立綜合大學，籌設過程非常辛苦，「要辦醫學系，沒有那麼簡單。」

一個運作良好的醫學系，光是基礎醫學和臨床醫學的學科加總起來，就需要一、兩百名專任教師，師資需求龐大。在這當中，天主教耕莘醫院幫了非常多忙。輔大醫學系創系主任鄒國英、耕莘醫院院長林恆毅皆是居功厥偉的角色，二人現今皆還在醫學院任職教授。

「醫學系畢業後，也有人選擇做基礎研究或是公共衛生行政，但大概九十五％以上的人，都是走臨床醫學這條路，」江漢聲提到，要培養出一位有臨床醫學能力的醫師，需要符合醫學教育相關規定，內容繁瑣且極其嚴謹，「每間學校都有不同教育方式，輔大醫學院最特殊的，就是採用全面小班教學，這是相當革命性的醫學教育方式。」

此外，輔大醫學系成立的時候，大量引進加拿大麥克馬斯特大學醫學院（McMaster University Medical Centre）的「ＰＢＬ」（Problem Based Learning，以問題為基礎的學習）來教基礎醫學，可說是國內創舉。ＰＢＬ教學有別於傳統的填鴨式教育，讓學生在每個教案的分析研討過程中，學會如何利用彙整找到所需的資料，重拾自主學習的精神，培養終生學習的習慣，這些都能對未來的行醫生涯有相當幫助。江漢聲指出，輔大醫學系一班四十八人，目前畢業校友中已有十多位主治醫師。當時不是採用傳統的醫學系教法，而是翻轉教育中盛行的方案教學法（也就是ＰＢＬ教學）；鄒國英是台灣醫學教育的專家，帶領耕莘醫院的醫師群，準備在輔大醫學系全面進行這種新的教學法。

以心臟生理來說，讓一組七、八位同學回家研究「心絞痛要吃什麼藥」，上課互問問題，老師引導討論，來了解心臟生理。那麼，這樣教有比較好嗎？「輔大醫學系第一屆畢業生就拿到醫師國家考試第一名，後來幾屆也曾考取前三名，」江漢聲表示，推行的成效相當不錯。目前，輔大醫院就有十名以上主治醫師是從輔大醫學系畢業的。

咬牙決定蓋專屬醫院

第三個任務更龐大：輔大附設醫院。原先，輔大醫學系有三間合作醫院：耕莘醫院、新

▲第六至七任校長黎建球在維持校務穩定運作之外，同時致力於精神層面的發展，引領輔大扮演綜合大學及教會大學的角色。

光吳火獅紀念醫院及國泰綜合醫院。蓋自己的醫院何其昂貴，因而沒有在醫學院成立之初就啟動；後來，考量到輔大醫學院的長遠發展，必須擁有自己的專屬醫院，因此，江漢聲咬牙決定蓋醫院。

接下來，必須說服學校。不意外的，校務會議中砲聲隆隆，「怕賠錢，」還有人說，「就像養小老虎，小時候很可愛，但老虎長大後會咬你，」但江漢聲回覆，「實際上是養小牛，等牛長大，全校會有牛奶喝。」校務會議總算通過這項提案。

這只是個開始。後續的路更艱辛，不但要籌錢，還要招攬人才。

醫院成立，把輔大帶到新巔峰

「醫院要成功，關鍵是醫師。就跟餐廳要成功，關鍵是要有好廚師一樣，」江漢聲比喻。多管道齊下，輔大醫院的醫師陣容陸續建立起來，各個來頭不小，三分之一來自台大，包括一群剛退休的，還有在台大雲林、新竹分院想回台北的醫師。「榮總、台大是擁擠的地方，當時醫界流行『到輔大就不用到台大』的說法，」江漢聲分析輔大醫院吸引好人才的優勢之一。這也讓輔大醫院獲得「小台大醫院」的別稱。

有些醫師非常資深，例如輔大醫院副院長暨骨科主任江清泉，從台大主治醫師職務退休，做過兩萬件膝關節手術。江漢聲指出，輔大醫院的骨科、運動醫學領域是強項，全靠江清泉建立起來。

人才的部分解決，然後就是龐大的金錢問題：高達六十七億元的天文數字。江漢聲說明，學校編列出十二億元經費，他去跟校友、企業及美國輔仁大學基金會募得十一億元，其他四十多億元向銀行貸款，十多間銀行都來洽談，不需提供抵押品。

另外，輔大醫院更改變附近居民的就診習慣。過去，新莊、泰山、五股一帶的民眾必須跑到亞東、長庚等醫院，現在無須奔波，就近便能運用高品質又便利的醫療服務。

時至今日，輔大醫院已成為輔大的第一大事業體。江漢聲指出，目前醫院成立不過四年，如果不是疫情影響，年營業額已近五十億元，甚至比輔大全年預算四十億元還高。

「一間醫院的成立，把輔大帶到一個全新的高點。輔大原本在台灣排名第二十七名，現在上升到第十二名，」江漢聲說，輔大每個系所都可以跟醫院合作，產生綜效，例如營養科學系協助提供病患健康餐飲、社會工作學系輔導有需要的病人及其家屬等。

近幾年，輔大的世界大學排名成績不斷往上，二〇二一年更獲得英國《泰晤士高等教育》（*Times Higher Education*）世界大學排名「全台私校第四名」的好成績，整體名次贏過政大、中央大學兩家老牌國立大學。這也是江漢聲任內重點發展目標之一。

從輔大成立事業處開始，執行防疫病房、企業快篩等與醫院有關的新事業，投資報酬率有九％，逐漸讓輔大財務更健全，整體也愈來愈現代化。過去，輔大校務經費約六十五％要

▲美國輔仁大學基金會致力於對母校發展的捐贈資源管理。圖為二〇一八，基金會董事和輔大董事舉行聯合會議。

仰賴學費，現在已降低到五十九％。

親力親為，點滴在心頭

回顧過去，江漢聲感性又半開玩笑說，輔大改變很多，自己也有了很大的變化，原本不知如何募款的他，「從臨床醫師變成內行的募款專家」。

他舉例，醫院內很多儀器、設備，像是電子顯微鏡、動物實驗室，都需要大筆的經費，因此，部分會由其他醫院（例如新光、國泰等）所捐贈，部分則必須仰賴募款，「募款可說是我最重要的工作，」每筆大小捐款，他親自出馬，點滴在心頭。

江漢聲很感念輔大的校友們，願意提供一百萬元、一千萬元不等的大筆捐款。記得某場募款餐會，他的病患傳維新捐出張大千的食譜，並按食譜做出十二道佳餚，招待現場來賓，最後共募得四千萬元；也經常有知名校友幫忙募款，例如有一次，由江漢聲彈琴伴奏，沈春華、李豔秋兩位名主播破例合唱，募得一百萬元。

「輔大人的凝聚力很強，感情交流密切。這些年下來，輔大蛻變成一所現代化的大學，外界也對輔大改觀，」江漢聲對如此的意外人生，充滿感恩，一切歸功於天主。

輔大在台復校六十年，創業維艱，從于斌開始，它曾是台灣最好的私立大學；羅光把整個輔大擴展到幾近應有盡有的大學，再過來幾任校長，把原來天主教會三單位合辦的大學形塑成以院為單位、自給自足的大學；然後呢？因為台灣的公私立大學如雨後春筍林立，又面臨少子化的危機，以一間龐大的私立綜合大學，絕大部分仰仗學費，實在是愈來愈難經營，各項排名指標也往下滑。

「好在天無絕人之路，我們更是有天主保佑，」江漢聲說。「客觀的觀察，台灣公私立大學能繼續往前衝、經營不虞匱乏的，多數就是有醫學系與醫院的大學。而我，在這時候能讓輔大有這個機會轉型成功，是天主給我的召喚，群策群力，飛躍黃金十年，我非常感恩。」

（文／彭漣漪）

把健康營造成為天主的事業

輔大醫院成為輔大的新版圖

二〇一七年，輔仁大學附設醫院風光落成，涂克森（Peter Kodwo Appiah Turkson）、薄茂恩（H.E. Cardinal Charles Maung Bo）兩位樞機主教更遠從教廷前來祝賀。

回顧籌建醫院的過程，江漢聲形容像是猶太建國般困難，但也深感欣慰，「從有這個想法開始，經過十年，總算把醫院蓋起來了。」

輔大醫院的誕生，不但為天主教體系醫療立下磐石，更是輔大近十年最重要的里程碑。

成立醫院的十年計畫

其實在羅光、甚至早在于斌時代，都有蓋醫院或經營醫院的計畫，而醫學院第一任院

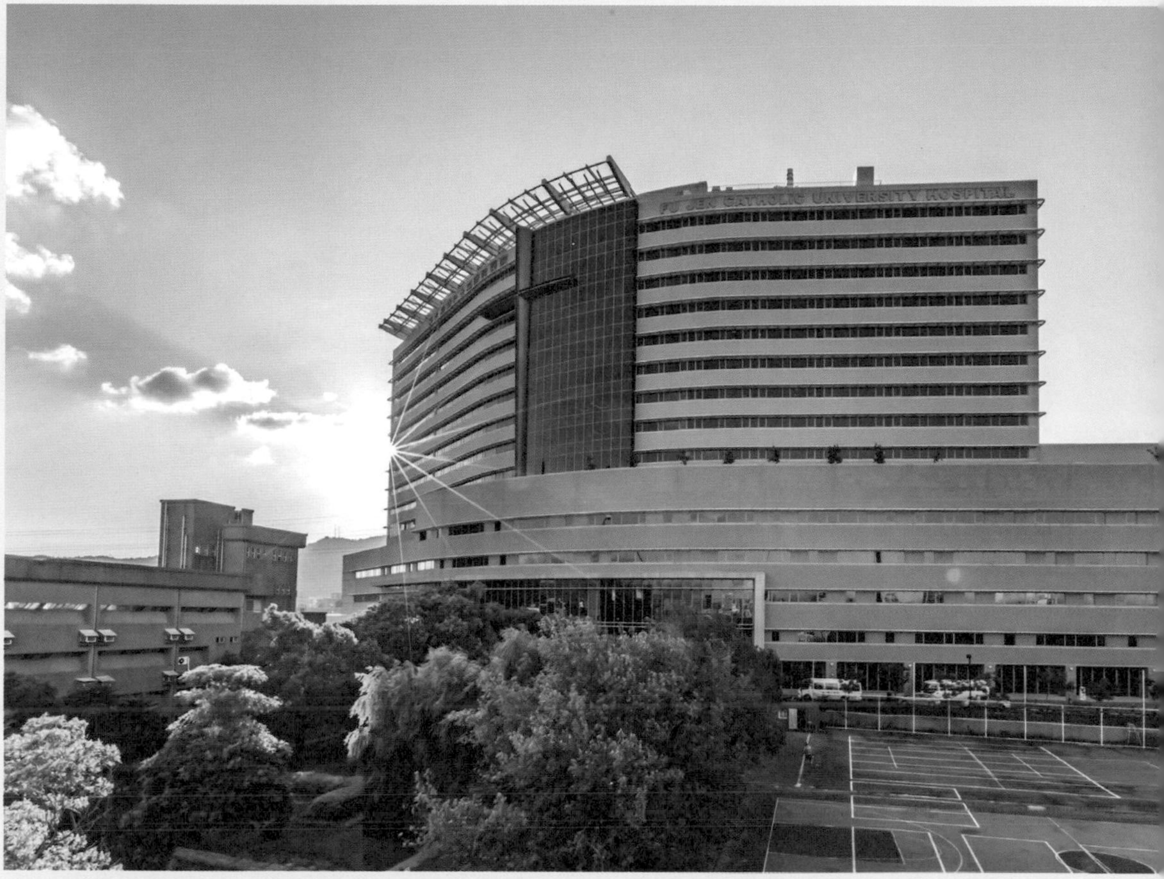

▲輔大醫院的誕生，不但為天主教體系醫療立下磐石，更是輔大近十年最重要的里程碑。

▲二〇一七年，輔仁大學附設醫院落成。樞機主教涂克森（右五）、樞機主教薄茂恩（右四）更遠從教廷前來參與開幕典禮。右六為時任副總統的陳建仁。

長暨神父朱秉欣已募到款，醫院也「動土」，但就是沒蓋成。那時候，可能是「不可能的夢想」（impossible dream）吧！

直到江漢聲擔任醫學院院長，才讓設立醫院這件事情，露出曙光。他開始積極向董事會表達出興建醫院的理念和需求。

「為什麼一定要成立醫院？」從董事會、校內同仁到校友，幾乎全員反對，「有錢蓋醫院嗎？醫院營運後能回收嗎？會不會拖累學校財務？校內資源會不會集中在醫學院？」各種質疑聲浪不斷，甚至還有人提議，不如把同為天主教體系的耕莘醫院轉做為輔大附設醫院，但江漢聲說，耕莘醫院屬於社區型醫院，且離輔大也有相當距離。

之所以想成立醫院，江漢聲的考量有二，「新莊、五股、泰山一帶將近六十萬人口，卻缺乏一間完善的大型醫院。若有需求，總是必須越過淡水河到台北市就診；如果想到鄰近的林口長庚醫院，至少得耗費三十分鐘車程。一旦有急重症病患，很可能錯失黃金急救時間。」

其次，由於沒有自己的醫院，輔大醫學院學生只能各自到其他醫院實習，長遠來看，侷限了教學、實習、研究等方面發展，也難以提升醫學院的品質。

二〇〇七年，江漢聲獲得時任輔大校長黎建球的支持，同時更說服董事會通過醫院的籌建案。

海內外資金力挺

輔大醫院的籌備處成立後，龐大的興建經費，是首先要突破的關卡。

江漢聲希望能夠設立具醫學中心規模的醫院，粗估投資金額至少需要四十億餘元。雖然董事會同意辦醫院，但是只願意撥出部分款項，其他仍得靠江漢聲自籌，部分募款、其餘用貸款。

當時的江漢聲，完全是募款的門外漢，「讓人願意把錢從口袋裡掏出來，的確非常不容易。」再加上台灣的企業捐款給私立大學無法全額抵稅，導致捐款經常只集中在幾所能見度高的國立大學，甚至還有很多人認為，等醫院實際動工之後再說，這些狀況都讓募款不如預期順利。

因為經費來源一度卡關，「當時，校方一度猶豫要不要繼續蓋醫院，但我堅持必須按照原定日程進行，像是找地、整地、動工，」江漢聲認為，若能看得到醫院的未來，或許更能夠激起其他人的捐款意願。同時，江漢聲努力奔走，希望能網羅海內外資金。

好在有校友范淵達的鼎力相助，登高一呼，其他的傑出海外校友陸續拋磚引玉。另外，美國輔仁大學基金會更協助成立籌建輔大醫院的募款標的，也接收到不少捐款。「一路走來，校友對學校的凝聚力，讓我非常感動，」江漢聲說。

在尋找經費的期間，江漢聲也積極尋找合適的醫院建地。這時候，樞機主教單國璽主動出面支持，並決定將天主教台灣

▶在尋找醫院建地時，單國璽主動出面支持，將天主教台灣總修道院的土地（新北市泰山區舊址），交給輔大興建醫院。

總修道院的土地（新北市泰山區舊址），交給輔大興建醫院。在經過把宗教用地變更為醫院用地、整合周邊畸零地、會勘等過程後，總算送件至新北市政府都市計畫委員會進行審議，確定醫院所在地。

從成立籌備處開始，歷經五年，終於在二〇一三年六月，輔大醫院正式動工，同時，大部分的捐款也陸續到位。最終，江漢聲募到了十一億元，並向銀行貸款四十四億元，讓輔醫的進程往前邁進一大步。

前三年的營運艱辛

二〇一七年，輔大醫院風光落成，但另一個挑戰才正要開始。

「醫院要能生存下去，難度不亞於興建醫院，」江漢聲步步為營，畢竟輔大沒有財團的支持，缺乏現金，任何一切，都必須戰戰兢兢、自給自足。

「經營醫院的前三年最痛苦，隨時都要關注現金流狀況，這也是決定能否繼續營運下去的關鍵，」江漢聲說，「早期的媒體曾報導醫院賠錢，很多校友擔心學校會不會倒掉，紛紛關切。」事實上，校務和醫院財務各自完全獨立，輔大除了幫醫院去貸款之外，並沒有額外挹注醫院。

在前三年的關鍵期，輔大診所扮演了重要角色。

早在醫院籌建期間就成立的輔大診所，位於新醫學院綜合大樓一樓，可說是輔醫經營理念萌芽的所在。

除了直接服務輔大全體師生，輔大診所還開創社區醫療服務，領先為輔醫的未來鋪路。「如果沒有輔大診所，輔醫會更難成立，」江漢聲分析，因為診所，醫院營運之後，團隊可以順利接軌，立刻就定位。現在，輔大診所依舊扮演分流轉診的角色，同時也持續協助社區服務。

醫療資訊系統，關係著開院是否順利

其實開院時最難讓大家滿足的，是醫療資訊系統的問題，若缺乏好的系統，首先面臨的是漏帳、健保無法申報完全等狀況，而醫護人員有時還要採用手寫資料的方式，導致不能即時下班，讓整間醫院都快抓狂。

有人說，乾脆換掉整個系統；有人說，重寫這套程式。對此，江漢聲不停的安慰從籌備期開始就很努力的輔醫資訊室主任陳麗卿，也找來很多人幫忙，像是台大醫院前資訊中心主任賴飛羆，醫療資訊系統總算一步步穩定下來，目前雖不盡完美，已經是堪用，而且也有自己的特色。

而輔大醫院突飛猛進的優異醫療品質，僅僅三年，就達到現金流平衡。截至二〇二一年中，平均一個月的營業額可達到四億元，如非疫情影響，整年度營業額已經超過輔大營運總額，高達五十億元。

重金力邀優秀醫師進駐

「餐廳的重點是料理，如果廚師做的菜不好吃，餐廳店面再漂亮、再怎麼宣傳，都不會吸引人上門，」江漢聲強調，「同樣的，我們的目標是成為最好的醫院，當然需要最優秀的醫師。」

因此，江漢聲和當時的醫學院院長，肩負起找人才的重責大任。

輔大醫院所在地區沒有同等級競爭醫院，且以醫學中心為目標，又是大學附設醫院，能提供教職和研究資源，還有願意給予高待遇。這些對於優秀的醫師來說，相當具吸引力。

首先，兩人均借助自身在台大醫院的背景，力邀各科別的權威醫師，到輔大醫院共同組成團隊。

舉例來說，江漢聲特別找來重量級的前台大教授兼骨科醫師江清泉執掌骨科，江清泉更帶來六、七位年輕醫師，往下建立了不同次專科，把骨科經營的相當完備。而江清泉還具有醫學材料的專長，因而創立醫材研究部、運動醫學中心，更協助輔大醫院成立了創新發展室（Center For Innovation）。

「只要多聘請幾位這樣的人才，醫院就能立於不敗之地，」江漢聲說。藉由各科別重量級醫師所帶來菁英團隊，很快的，輔大醫院在骨科、腸胃科、泌尿科等領域，迅速獲得亮眼成績。

其次，輔醫提供的待遇，在全台灣可說是名列前茅。儘管醫師薪資在營運成本的占比高，但江漢聲認為這絕對省不得，「好的醫師能提供良好的醫療品質，自然會提高病患就診數，增加醫療量。隨著醫院茁壯，人事成本比例會逐漸下降。」

然而，輔醫不只著眼於現在的成績，更希望能培養醫師的未來性。江漢聲期望輔醫的年輕醫師們，除了在醫院內看診之外，還可以繼續攻讀輔大博士班，取得教職資格，研究、發展新的醫療技術，成為不同醫療領域的權威。

不一樣的現代醫院

「不只是複製現有的醫院類型，輔大醫院更想要成為一間不一樣的醫院，」江漢聲一直把這份期許當作使命。

在一般醫院著重的臨床、研究和教學之外，輔醫要以「創新」思維，解決現在和未來的問題，因而成立創新發展室，積極提升醫療智能化；同時，以輔大的悠久人文底蘊為基礎，結合醫療專業，進行全方位跨領域發展。

更重要的是，「輔醫要成為一間有靈魂的醫院，」江漢聲說。

在籌建醫院過程中，他曾遇到一位企業家，雖然企業家的妻子患病時在醫院得到妥善照顧，但心裡卻很孤單、害怕。這讓行醫多年的江漢聲有感而發，「要完全治癒病人是很困難的。除了身體，心理狀態也很難回到從前。」

近年來，輔醫積極培訓專業心靈志

▶從成立籌備處開始，耗時五年後，輔大醫院終於正式動工。輔大舉辦鋼構立柱祈福典禮，邀請時任新莊區區長李政勳（左）及區公所團隊，見證屬於新北市重大建設推動的盛典。

▼鋼構立柱祈福大會全景，祈求輔大醫院的建造過程一切順利。

▲二〇一一年十二月三日輔大附設醫院舉行動土典禮，外交部駐教廷大使王豫元（左一）、梵諦岡教育部長高澤農（左二）、樞機主教單國璽（右二）和輔大董事長劉振忠（右一）皆蒞臨支持。

工，希望藉由靈性關懷，能服務到患者的心，協助任何重病輕症的患者，生活、家庭都能回復幸福感。

「我們希望，醫療不只是人生的一段路或一小部分，而是從生到死，全程的陪伴與照顧，」江漢聲對輔醫的未來，寄予厚望。

輔大醫院，圓了輔大未來的理想

在《聖經》裡，病人療癒是神蹟，是天主用來彰顯祂赦免人類的罪惡，而人類是因信仰贖罪所得的恩典。所以，從醫療乃至於健康營造，都是天主的事業，做為天主教大學，發展醫療、健康營造等領域，不只是為了營利，更是使命與任務。

因此，在輔大成為一間最具綜合性的大學之際，醫療、健康是推行跨領域時不可或缺的拼圖。

不只如此，像是：執行偏鄉弱勢服務、在地責任創生、環保生態等措施；擁有自己的企業，不完全倚賴學費做為財源；想爭取更好的世界排名，成為國際知名的天主教大學。無論哪些方面，都需要醫療、健康的跨領域發展。

就因為醫療、健康是輔大不可或缺的部分，所以，當輔大醫院成為輔大的一塊新版圖之後，將能夠完成輔大未來的理想。（文／陳培思）

第二部

德藝體文，形塑美學

從音樂到體育，從心靈到建築，
構築出輔大獨一無二的美學涵養。
近年更跨界在地文化，廣布藝術種子，
開創高質感、有深度的藝文風景。

美

藝術人文，營造大學美的氛圍

讓文藝走入社區，踏上國際

美感教育的培養，要從實際參與做起，這是輔仁大學藝文中心的設立宗旨，而幕後重要推手，便是校長江漢聲。

籌備之初，遭到多數人的反對，認為學校既然已經有藝術學院，為什麼還需要藝文中心？江漢聲認為，「其實，校園裡還有其他各式各樣的藝術能量，不是只在藝術學院發生。」

比如文學院的中國文學系自一九九六年開始舉辦第一屆詩詞吟唱比賽，成為中文系師

▲為培養學生的美感教育，江漢聲推動設立藝文中心，強化校園裡的藝術能量。圖為歐豪年美術館一景。

生每年都有的傳統活動。各班學生身著華麗古裝，道具、場布頗具巧思，展現創意，宛如穿越時空回到古代，學生透過對詩詞的鑑賞，將詩詞情韻優雅的種子種下，伴隨學生一輩子。

而外語學院長年以來的兩大經典教學元素為文化與戲劇，幾乎每個語文學系都會舉辦劇場成果發表，頗具口碑。江漢聲不忘強調：「如果要合奏聖樂和慶典樂曲，在淨心堂就有一架管風琴，是目前全台天主教聖堂裡最大的真管管風琴。」

沐浴在管風琴的渾厚樂音

有「樂器之王」美譽的管風琴，音質飽滿渾厚。輔大校方提案歷時近兩年，淨心堂的彌撒禮儀音樂服務通過了層層嚴格評選，最終雀屏中選，獲國外匿名基金會青睞，得償所願，受贈這台由加拿大卡薩翁（Casavant Frères）管風琴琴廠所製的真管管風琴。不僅運用在音樂學系教學上，也能讓更多人透過音樂會，聆聽到管風琴神聖莊嚴的樂音。

江漢聲提到，在很多人的人生裡面，大學已經是接受制式教育的最後一站，「在我們學校，除了學習專業知識以外，更重要的是，讓學生的見識層面更廣、更多元。」

他有感而發的說，在這個階段，如果學生能夠學會了解藝術，將來出社會後，他們會懂得加入藝文社團陶冶性情、會去聽音樂會療癒生活，「我認為，大學教育裡面有個很重要的主軸——教學生如何快樂度過每一天。要達到這個目標，『藝術』和『運動』，都是絕對不可或缺的。」

飄揚的音符，讓人沐浴在藝文中，洗滌心靈。弦歌不輟、人文薈萃，輔大不只有重大建設等硬體革新，校園裡也有著詩歌連篇的美好風景。

感受濃郁的藝文芬多精

走進輔大校門，伸出左手、手心朝下，順著大拇指指方向看過去，就是藏身舒德樓的「理圖劇場」。食指方向穿越由兩旁老樹新枝架起的文藝長廊，是朝向藝術學院的藝廊與二樓的「懷仁廳」。

位於視線正前方的輔大地標，就是圓頂「中美堂」，而睥睨在側的，正是國璽樓會議

▲在輔大淨心堂裡，有著目前全台天主教聖堂裡最大的真管管風琴。

廳。無名指方位，座落著頌揚天主、歸向天主的三層樓高建築「淨心堂」，連篇聖詠，湧自二樓的扇形聖堂。小指頭則對準了精心打造的「百鍊廳」，外表低調的石材色澤難掩它豐盛的內涵。徐徐前行，感受林間濃郁的藝文芬多精，以及滿滿的希望、創意氣息。

在二〇一四年藝文中心正式成立之際，時任藝文中心主任的孫樹文（現為音樂學系主任）以五指做為指引，巧妙用上述文字繪製出輔大的美學地圖，正能開宗明義的讓人一望即知散布在校園的六個展演空間。

他表示，藝文中心的四大任務，在於策劃各類專業藝文節目、整合校內重要藝文資訊、主辦駐校藝術家相關活動和經營藝文產業相關育成業務，充分展現出輔大的充沛藝文能量。

其中，無論是靜態的視覺展覽，或動態的藝術演出，都能藉由藝文中心的推廣，讓學生有許多選擇和接觸的機會，例如：應用美術學系的師生作品發表、音樂學系的交響樂團演奏會、體育學系的學生舞展等。

除了協助宣傳活動，藝文中心也會邀請傑出校友，主辦不同主題的藝文展演，不只與通識課程結合，也可促進各系所和校友間的藝文活動交流。「透過各種活動，讓我們的學生可以認識到學校不同場地的功能，就算只是在校園的一段不期而遇，也能增加日後藝術參與的機會。」

從藝文中心開始，廣布藝術種子

藝文中心每年還會從校內招募二十多名「藝文志工」，讓喜歡看展、欣賞表演的文藝青年學生接受專業的培訓課程，同時接觸不同領域的藝術家，拓展視野，每個學期服務滿一定時數，最後還會授與證書。

藝文中心主任暨應用美術學系專任副教授陳力豪表示，志工任務包含活動執行和宣傳，還有燈光音響、美術館導覽等，只要是對展演策劃、藝文推廣、藝術場所營運與後台管理有興趣，都能藉此了解更多。「本來擔心學生的參與興致不高，沒想到這三年志工的報名狀況

◀外語學院透過戲劇表演展現成果，頗具口碑。

很熱烈，」他強調，「希望這些學生都能成為小種子，將藝術散播到各個系所。」

陳力豪還觀察到，以往學生下課後，往往就直接出校門，在學校停留僅止於課堂那兩、三個小時，「如果增加學生參與校務的機會，就能讓他們和校園有所互動，」他笑說，每位藝文志工就像一個自媒體，可以將藝文中心的訊息散布出去，「早期做海報的方式已不符合時代需求，現在要直接傳遞到目標使用者身上，而且要透過社群宣傳的方式。」

自從二〇一六年陳力豪接任藝文中心主任後，廣泛接觸到全校各系所的活動，發現這股藝文能量是值得被更多人看見的。

因此，他延續中心創建以來的主軸，以「整合校內藝文活動」做為短期目標，「想要達到這個目標，首要條件，就是讓彼此了解對方在做什麼。」像是在藝文節目手冊中詳盡刊載校內大大小小的視覺藝術、表演藝術等展演訊息，讓各系所得以相互觀摩、學習。陳力豪更期待的是，有朝一日，能夠讓不同系所的活動串連起來，創造一加一大於二的藝術火花。

走出高牆，讓藝文走進社區

藝術的感染力不應只在校園內發生，因此，輔大藝文中心於二〇一六年三月間舉辦「藝遊味進老新莊」，推出一系列「跨界」與「跨業」的藝術展演，是藝文中心創立以來首度結合新莊在地傳統來推廣文化，意義非凡。

當時，孫樹文是展演的藝術總監。他提及「一府、二鹿、三艋舺」是台灣人耳熟能詳的俗諺，但北台灣開發最早的地區，其實是輔大所在的新莊，只是之後因碼頭淤積、船舶難以停靠，商業貿易重心才逐漸轉移至艋舺、大稻埕一帶，也讓新莊漸漸從眾人的視線淡出。

雖然繁華褪去，根深柢固的民間信仰和傳統文化，依舊在新莊廟街閃閃發亮，藉由展演系列活動，重新挖掘出在地最豐饒的文化寶藏，體現百年市鎮新舊交織的絕美風華。

系列活動包含了裝置展覽、踩街及影像音樂會：像是開幕式，選在有近百年歷史的响仁和鼓藝工坊，邀請到台灣鼓王黃瑞豐，將中式鼓擺設成西洋爵士鼓的形式，帶來深具實驗性質的創意演出；踩街活動，將國外流行文化引入新莊老街，請來紐奧良爵士樂隊、舞者和小丑團隊，與民眾同樂，而沿途介紹慈祐宮、武聖廟等歷史的文史工作者許順成，是輔大新聞

傳播學系講師，已深耕新莊在地文化多年，也藉這次活動的機會，引導大家用不同視角遊廟街；壓軸的爵士音樂會，則是延伸「音樂漫步」概念，以一連串的爵士樂曲，浪漫傳情。

孫樹文表示，早從十多年前，國外大學就已經在推廣「校園博物館化」，希望能吸引更多社區鄰里的民眾走進校園。輔大做為新莊名校，擁有相當豐厚的藝文人才和能量，與地區合作推廣文化，勢在必行。

▲輔大藝文中心於二〇一六年三月間舉辦「藝遊味進老新莊」，結合新莊在地傳統文化，推出一系列藝術展演。圖為踩街活動，請來小丑團隊與民眾同樂。

▶「藝遊味進老新莊」開幕式邀請到台灣鼓王黃瑞豐，將中式鼓擺設成西洋爵士鼓的形式，帶來深具實驗性質的創意演出。

他強調，這是輔大首度舉辦的系列活動，未來也希望能夠持續發展下去，「新莊有非常多優秀的藝術家和音樂團體，透過藝文中心整合學校的優質藝文活動、串連在地資源，可以讓才華洋溢的表演者盡情發揮所長，進而讓藝術成為每個人生活的一部分。」

讓大師經典長駐校園

二〇一九年，先後成立的歐豪年美術館和柯錫杰影像館，是輔大校園內兩大藝術瑰寶，自開幕後，常態性展出大師作品，讓師生和民眾能有一睹真跡的機會，隨時欣賞藝術之美，細品每一幅作品背後的動人故事。

陳力豪提到，兩位國寶級大師皆為輔大駐校藝術家，全力支持學校推動藝術教育。為了能將藝術家作品做更好的展示並彰顯其藝術成就，才有了建

▶輔大整合學校藝文活動和在地社區資源，使有才華的表演者發揮所長，同時讓藝術成為生活的一部分。

置場館的規劃，希望能讓學校更增添藝術氛圍。

籌備過程中，校方皆和藝術家保持密切聯繫，來來回回反覆溝通，為的就是能盡善盡美呈現作品。陳力豪舉例，像是國畫大師歐豪年慨然捐贈的畫作當中，有好幾幅尺寸較大，都需要特別以落地的密閉式展櫃展示，才能讓人一覽無遺、近距離觀看。美術館設立在舒德樓三樓的中間位置，就是為了避開陽光直射，以利書畫作品的保存。

而被譽為「台灣現代攝影第一人」的攝影大師柯錫杰，與輔大緣分深厚，在輔大醫院籌設時，還曾捐贈作品做為募款之用。陳力豪回憶，大師非常注重風格細節的營造，更親自挑選了廟宇藻井、門神等代表作品圖像，做為場館的設計元素，布展規劃細節皆由柯錫杰的舞蹈家妻子樊潔兮親力親為。二〇二〇年大師辭世，更突顯這處台灣首座柯錫杰影像館的珍貴，能如此展出大師畢生拍攝的經典影像，意義非凡。

江漢聲再三強調，輔大是一所真善美聖的綜合大學，對於「美」的追尋，始終是全體師生一致追求的方向。長遠來看，藝文中心不僅是輔大對外窗口之一，可做為學校的「品牌」，創造高質感氛圍；在未來，透過更多大師級的沙龍講座，以及持續舉辦音樂、美學和設計等相關展演，讓期待前來汲取藝文精華的人，都能滿載而歸。（文／張雅琳）

從家政到民生

王國娟讓美融入人生

「我認為，如果沒有一個好的家庭，無論事業有多成功、成就有多輝煌，對人生而言都不能算是圓滿，」對輔大美國基金會董事王國娟來說，畢生志願就是建構美滿的家庭。

王國娟的人生，可說是讓「美」融入生活的最佳寫照。除了重視家庭而有的美滿，因回饋母校為更多人創造心靈的美好，以及由內而外散發出的高雅氣質，都為「美」做了出眾的詮釋。

事業與家庭皆幸福的訣竅

王國娟認為，從北一女時期選讀生物學類，到輔大就讀家政學系（織品服裝學系、食品科學系、營養科學系、餐旅管理學系、兒童與家庭學系的前身），以及前往美國攻讀營養

◀重視家庭美滿、為更多人創造心靈的美好，王國媚體現了何謂讓美融入人生。

學，一路走來，就是一段很自然，也很完美的旅程。

就讀輔大的四年歲月，對王國媚有著相當大的影響，他把所學的，都實際應用在照顧家庭上，「我幾乎每天都在做我的本行！」王國媚笑說，這就是他能在事業與家庭間取得絕妙平衡的關鍵。

初到美國留學時，人生地不熟，但王國媚很快就能適應國內外文化與環境的差異。

他認為，這歸功於過往輔大的生活經驗，「輔大教職員很多都是外國籍的神父、修女，西方氣息濃厚、學風自由，在當時的大專院校中獨樹一幟。」在很多學校還禁止舞會的年代，輔大卻不會因為學生在家裡辦舞會，而祭出處罰。加上多數的神父修女都講英文，學生耳濡目染下，打下扎實的外語基礎，幾乎都擁有很好的聽說能力。

在學業告一個段落後，王國媚和先生劉偉民共結連理，開始為家庭與事業打拚。兩人攜手創業，共同領導 TIRECO 公司，現在，已經成為北美洲自有品牌（Private Brand）輪胎及相關產品的大型製造、營銷公司之一。

「很多人說，美國是年輕人的戰場。然而，我們現實所面對的文化與環境，與成長階段完全不同，對像我們這樣自己創業的年輕人來說，挑戰更是艱鉅，」王國媚回想起那段創業的日子，只有夫妻倆能相互依靠，共同扶持與鼓勵，「處境維艱，真的只有一步步走過來的人，才有深刻的體會。」

「常有人說，一個成功的男人，背後一定有位不平凡的女人」，王國媚談到，「最讓我感到安慰的是，我的先生對這句話，一直以來都深信

▶對於教育，王國媚有自己一套智慧哲學：結合東方的思維與西式教育的養成，讓年輕世代自由適性發展。

不疑。」

王國媚不但把家庭照顧得很好，更是劉偉民最堅定的支持者，讓他能全心在外為事業打拚，完全沒有後顧之憂。至今，王國媚和劉偉民的情感依舊濃厚。

東西融合的教育哲學

在教育孩子方面，王國媚有自己一套智慧哲學：結合東方的思維與西式教育的養成。為了讓孩子仍保有中華文化，在家中都以中文溝通；同時讓孩子自由適性發展，而他和先生也會多肯定孩子，維持正向互動。

「我會以溝通代替責罵，」王國媚總會用聊天方式，了解孩子們的生活，這樣的方式讓孩子願意敞開心房，不會因為害怕被責罵而隱藏內心真正想法。

王國媚深信，家庭要美滿，家庭成員間一定要和睦相處。除了平時對孩子的關心與溝通外，每年都會安排全家旅遊，建立與孩子們緊密的關係，讓孩子不論大小事都很願意分享。

目前，王國媚女兒擔任好萊塢的製片人，「好萊塢這樣複雜的環境，的確會讓人擔心，但我選擇相信自己的女兒，」他相信，「每個人皆擁有天生的特質，因此要找出它，並好好發揮，」王國媚兒子也於去年（二〇二〇年）榮任美國聖母大學（University of Notre Dame）校董。

回首過往的點點滴滴，王國媚從中體會到最深刻的就是「天助自助」。

「一路走來，憑藉的是信心和誠懇，」王國媚說，「對自己有信心，待人接物誠懇，無論遇到任何困難，都要用毅力和決心來克服，努力堅持，最終一定都會柳暗花明。」

為了促進東西方的相互了解，二〇一〇年，王國媚夫妻倆在美國頂尖大學之一的聖母大學捐贈並創辦了劉氏亞洲研究學院（Liu Institute for Asia and Asian Studies），希望藉由教育，強化文化交流。

聖母大學校長詹靜思（John Jenkins）認為，劉氏亞洲研究學院開啟了聖母大學研究亞洲的新紀元。除了研究、探討及促進經濟、政治、社會、文化、宗教的領域以外，所舉辦的劉氏亞洲領袖論壇（Liu Institute/Asia Leadership Forum），更是受到各方注目。

「聖母大學與輔大同是天主教大學，一個是在台灣，栽培我四年的母校；一個是在美國，薰陶我兩個孩子的高等學府，」王國媚搭起橋梁，開啟了聖母大學與輔大的合作，除了學術交流之外，更積極推動未來多方面的合作與發展。

打破界線的「新浪潮運動」

「輔大對我四年的栽培，在相當的程度上，幫助造就了今天的我，」王國媚說，「能有機會回饋母校，是我的心願，更是我的榮幸。」

▲在聖母大學劉氏亞洲領袖論壇中，聯合國前祕書長潘基文夫婦（左三及左四）應邀主題演講，與王國媚（右四）全家合影。

因此，王國媚與輔大合作成立、推動「王國媚新浪潮運動」，期待能提供一個平台，讓社會大眾與學生體驗「學校修不到的學分」。

王國媚新浪潮運動的本意，是希望能打破校園和社會的界線與藩籬，建置一個類似TED沙龍講座的模式，網羅社會賢達菁英與學校教授成為師資，架構出社會大眾與學生向教授與達人求教的機會。

「之所以強調『健康、時尚和品味』的重要性，是因為這也是我人生目標，而我在輔大所學就是這方面，對我來說意義非凡，」透過推動新浪潮運動，王國媚希望能夠讓更多的人獲取知識，並且在生活中能夠運用和實踐。

隨著時代的變遷與社會的進步，新浪潮

運動的運作模式，未來也許會以不同的形式來呈現。

力挺輔醫，捐贈兒童門診及病房

十二年前，當時輔大校長黎建球到美國訪問，提起輔大要籌建醫院，除了讓輔大醫學院學生能在自家醫院實習，也希望填補新莊、泰山、五股一帶缺乏全方位大型醫院的空缺。「一聽到這個想法，我覺得很有意義，決定支持，」王國媚立刻義不容辭力挺，廣邀友人一同支持輔醫的籌建。

王國媚更是拋磚引玉，捐贈了兒童門診及病房，「我一直認為，小孩的健康及教育必須從小培養，生理和心理健全相當重要。我在輔大所學的兒童與家庭學系相當注重這一塊，所以希望透過捐贈兒童門診和病房，讓更多家庭受惠，」對於孩子們真心的關懷，展現出王國媚心地良善的美。

「台灣需要輔大，但社會大眾更需要輔大醫院，」

◀王國媚長期關注兒童的身心健康，捐贈輔大醫院兒童門診和病房。圖為他捐贈的兒童病房區 7A 多功能活動室。

他認為，輔大醫學院多年來為台灣醫界培育無數人才，如果輔大能有自己的醫院，結合教學和醫療，自然就成為一間相輔相成的「教學醫院」，且輔大所在的新莊與泰山，正是新北市醫療資源較匱乏的區域，也迫切需要一所完善的大型醫院。

「今天我們看到輔大醫院宏偉壯觀又漂亮的現代化大樓，以及懸掛在高樓外牆上的巨型十字架，矗立在校園旁邊，大概很難想像當初籌建這間醫院所經歷的艱辛與困難，」王國媚談到，時任醫學院院長的江漢聲，為籌建醫院到處奔走，加上校友范淵達醫師獻策獻力，還有許許多多有心人士無私的奉獻，「回想起來，這一切的一切，都很令人感動。」

「做為輔仁大家庭的一份子，有幸能夠為輔大醫院貢獻一點心力，我認為這是應該的，」王國媚強調，是人為也是天助，才能讓這件事圓滿達成。

支持「一粒麥」品牌

王國媚又更進一步，捐贈「一粒麥」門市。

身為家政學系的校友，王國媚對輔大民生學院有著深厚的感情，希望能為民生學院多開闢一份長遠且持續的穩定財源。因此，他在民生學院的舒德樓一樓成立首間一粒麥門市。

就像民生學院院長鄧之卿在門市開幕致詞說：「王國媚系友的捐款，不只是給一筆錢，更是給一支釣竿。」一粒麥並非單純的咖啡店，更是民生學院產學合作的最佳通路平台。

輔大醫院落成後，王國媚也捐贈了一粒麥輔醫門市。在其盛大的開幕式上，江漢聲開心的說，「輔大醫院開幕後，就一直期盼開一間一粒麥，現在終於實現了！」一粒麥也計畫開發高營養價值、低負擔的健康產品，供病患選擇。

王國媚希望，隨著業務的成長，將來一粒麥可以在校外開展更多間門市，銷售更多師生研發的健康、營養、可口新產品，同時提供輔大學弟妹們更多工讀與實習的機會和場域，充分實踐「建教合一」的理念。

終生以輔大人為榮

王國媚回憶入學當年，輔大全校學生才一千七百多人，畢業時也只有三千多人，老師大部分是神職人員，平日也都穿著神職服裝，總有一種莊嚴和神聖的感覺，而他們對學生的愛心、耐心和關心，令人感動，「在我的印象裡，修女吳秉雅一直像個母親、大姊姊般，悉心照顧著我們。」

由於師生數較少，大家相處機會也比較多，容易建立感情，彼此親近，整間學校就像是一個大家庭，和諧又溫馨。在輔大四年，不只是接收到傳道、授業、解惑的言教，讓人感受更多的則是校園氛圍所帶來的身教。

「常有人會讚美輔大學生氣質出眾，而我認為很大的關係，是來自於輔大除了傳授知識，還有神父、修女及師長的身教，教會我們做人處事的道理，對我影響非常深遠，」王國媚說，「身為輔大人，我感到榮幸，也非常珍惜！」輔大學生的高貴氣質，是學習環境造就出來的必然特質。

王國媚勉勵學弟妹，一定要好好把握、珍惜這段人生中最寶貴的大學四年，將來學以致用，創造美好人生，「做事要量力而為，好好分配時間，設定好目標，集中精神，全力去完成，」他也建議，充分利用學校資源，開闊視野，建立師生、同學、朋友之間良好的人際關係。

身為過來人，對於有心想創業的學弟妹們，王國媚特別提醒，要用健康的心態，以及踏實積極的行動去面對，「不要想偷懶，任何投機或抄捷徑的心態都是不可取的。」

做為輔仁大家庭的一份子，王國媚期許能將「輔仁心、輔仁情、輔仁愛」帶到家庭、社會及世界各個角落，這是身為輔大人的光榮、也是輔大人的驕傲。

王國媚對輔大的未來，也有很多的期待。近年一直積極鼓勵和推動，並已獲董事會的鼎力支持，仿照西方著名學府創建一個永續發展基金（endowment）的機制，讓輔大的教育能持續進步與發展，培育更多人才，讓社會更繁榮昌盛，家庭更幸福美滿，成就輔大美好的願景。（文／陳培思）

強身健校，力與美的結合

創造東奧奇蹟的源頭

「體育，可以成為學校的一個亮點，是我們輔仁大學的驕傲，」隨著就讀輔大的選手們在二〇二〇年東京奧運屢屢締造佳績，全國歡騰，對照江漢聲振振有詞的這句話，確實此言不虛。

舉重女神郭婞淳用長滿厚繭的雙手撐起一片天，不負眾望，一舉為台灣摘下此屆賽事首面金牌；台灣桌球一姐鄭怡靜和被封為「國民金孫」的林昀儒，這對世界排名第一的黃金混雙組合，在這屆賽事再度展現絕佳默契，拍下銅牌，奪下台灣睽違二十一年的奧運桌球項目獎牌，也是台灣首面由本土選手拿下的桌球獎牌，意義非凡；在女子拳擊項目五十一公斤級出賽的「刺青女拳王」黃筱雯，拚盡汗水與淚水拿下銅牌的那一刻，更為台灣拳擊史寫下新頁。

◀輔大致力培養優秀的體育人才，讓眾多明日之星在國際上發光發熱。

HYFC
FUJEN
2020

FJCU
60th ANNIVERSARY

亮眼成績的背後，除了選手們一路奮戰的動人生命故事再次受到矚目外，也讓更多人關注到在後面默默推了一把、始終做為選手最堅強後盾的輔大。

做選手最安心的後盾

談起輔大發展體育的優勢，教育學院院長曾慶裕數度強調：「這十年以來，我們有個很支持體育的校長。」從力邀郭婞淳來輔大，到近幾年鄭怡靜、黃筱雯、林昀儒陸續加入，備受關注的體操精靈「丁丁」丁華恬，也是輔大今年的體育學系新生，「我們會鎖定有潛力的優秀選手，盡可能網羅到學校，給予最好的照顧，讓他們在生活無虞的前提下，專心投入訓練。」

其餘的，像是足球場的興建、中美堂及游泳池的改建，校內的運動場地、各項設備，也都是在江漢聲任內有了大幅度的提升。目前正籌劃一處全新的體育運動教學場域，希望能夠更符合選手與學生的需求。

郭婞淳提到，一進到學校，就可以感受到學校在體育培育方面的大力支

▶舉重女神郭婞淳，一舉為台灣摘下東京奧運首面金牌。

◀輔大提供完善的相關訓練設備，成為選手最堅強的後盾。

持，同時也有很多傑出校友熱心提供資源。每年，學校也都會提供獎學金的申請管道，對於選手在專注訓練上，不啻是最實質的幫助。

黃筱雯回憶自己高三那年，教練鄭文斌找上他，告知輔大要成立第一屆拳擊隊，「當時學校也提供我獎助學金，對於家境清寒的我來說，學校給予運動績優生很好的照顧，於是輔大體育學系就成了我的第一志願。」

林昀儒則認為，對運動員最直接的幫助，就是校內的體育健康資訊科技研究發展中心、體育學系與輔大附設醫院運動醫學中心合作，配合「健康醫療」特色發展，建置「運動傷害防護中心」。

除了訓練期間的包紮防護、復健，還有支援學校校隊在外比賽期間的防護工作，「選手在訓練過程中，難免會出現運動傷害。有了防護中心，就等於運動選手擁有完善的後勤部隊，可以提供我們更完整的保護網，」林昀儒說明。

此外，鄭怡靜特別想分享，身為具備選手身分的學生，其實跟一般學生體驗到的校園生活截然不同，但系上老師都會隨時關心他們的課業，給予很多輔導建議，這也讓他更篤定自己未來還會繼續攻讀輔大的博士班。他俏皮的向學校喊話：「未來也請多多指教了！」

鄭怡靜笑說，校長都會來看選手們比賽，幫忙加油打氣，「校長也喜歡打桌球，同時相當支持選手。相信這樣子的校長，會把學校治理得跟他為人一樣溫暖。」

舉重女神郭婞淳，正念讓他更強大

過去在世錦賽、亞錦賽、世大運、亞運等各大國際賽都拿過金牌，郭婞淳在東京奧運女子五十九公斤級賽場上，以總和兩百三十六公斤的成績，一舉贏得生涯首面奧運金牌，完成「金牌大滿貫」的里程碑。

走出賽場，其實外界少有人知道，現為輔大副

◀「刺青女拳王」黃筱雯，拚盡汗水與淚水拿下銅牌，為台灣的拳擊史寫下新頁。

教授級專業技術人員的郭婞淳，是江漢聲在二〇一九年特別聘用的輔大專任體育老師，「金牌教師」之名不脛而走，許多學生特別慕名而來輔大。

「二〇一七年世界舉重錦標賽在美國安那漢舉行，當地的輔大校友會召集校友們到現場為我加油打氣，讓我備受鼓舞，也順利拿下世界冠軍，感謝學長姊們，」聊起過去在世界名地出賽，都能有輔大校友的暖心應援，郭婞淳仍歷歷在目。「還有二〇一五年世錦賽在休士頓舉行，碰巧遇上我的生日，當地輔大校友會會長還特地邀請我、教練、物理治療師到他的家中，準備一桌豐盛菜餚幫我慶生，真的很感動，也讓我在他鄉擁有非常美好的回憶。」

歷經受傷後克服低潮、從低谷再度攀上高峰，郭婞淳始終懷抱正念，重新站起來的勇氣，讓他變得更強大，相信所有的挫折和不完美，都是成功的養分。

他笑說，備戰東奧的日子，絕大多數時間都待在國家運動訓練中心，因此，每年學校舉辦聖誕與校慶系列活動時，都很期待可以回到學校一同參與。

日後，郭婞淳也希望自己可以像許多傑出校友一樣，幫助輔大的學弟妹，用自己在舉重場上學到的人生態度，做為年輕選手的榜樣。

桌球一姐鄭怡靜，最年輕女國手

出身運動世家的鄭怡靜，對桌球的啟蒙很早，從國小二年級開始練習、四年級時成為少年組國手。個性獨立早慧的他，年僅十四歲就展現超齡球技，成為台灣歷史上最年輕的女子桌球國手。

他還分享一段童年往事。原來，小時候都是阿公騎著摩托車載他往返球館，訓練完回家的路上，他經常累到不小心睡著，阿公不忍心叫醒他，又怕他摔著，索性用一條繩子將兩人綁在一起。每當想起這段溫暖回憶，想著天上的阿公一定還緊緊牽著他，都能重新喚起練球的初心。

鄭怡靜在桌球女子單打項目的世界排名，最高曾到第五名，已是本土最佳紀錄保持者。二〇一九年，他和小十歲的「小林同學」林昀儒攜手合作，「林鄭配」組合一步步培養默契，愈趨穩健，征戰各大國際賽事，屢創驚奇，早早就被視為東京奧運的奪牌熱門，更不負眾望在桌球混雙項目上奪得銅牌，一圓他自己想為台灣、為家人、為學校，也為自己取得獎牌的期許！

桌球神童林昀儒，精采球技揚名國際

在東京奧運的各項精采賽事中，最讓人津津樂道的，少不了「小林同學」林昀儒力戰世界排名第一的中國球王樊振東，雙方你來我往、鏖戰七局才分出高下的史詩級對戰。就連日本等國際媒體，都盛讚林昀儒是少數能與樊振東打得勢均力敵的選手，而且遇到強敵仍能

▲桌球一姐鄭怡靜（右）和「國民金孫」林昀儒（左），這對世界排名第一的黃金混雙組合，在本屆賽事再度展現絕佳默契，拍下銅牌。

擺出一張「涼涼的臉」，面不改色，儼然是場上的沉默殺手，英雄出少年，可見一斑。

林昀儒坦言，這兩年專注於訓練，也花了很多時間參與國際賽事，真正待在學校的時間有限，但仍然有兩件事讓他印象深刻。

二〇一九年，林昀儒拿到男子世界盃桌球賽銅牌後，返國當晚立刻驅車前往輔大中美堂，擔任大專籃球聯賽開球嘉賓，「在中美堂幾乎座無虛席、多達三千五百人以上的場面開球，對我來說是另一項新的挑戰，但同時也感受到不同運動所營造的熱血氛圍。」

此外，今年雖因疫情之故突然取消了國際賽，但也因此讓他和鄭怡靜有機會在五月初代表輔大參加全國大專校院運動會，順利摘金，「比賽期間，我很享受團隊一起奮戰的熱血，也很高興能夠有機會幫學校爭取榮譽。」

雖然林昀儒在東京奧運單打項目止步四強，不過世界排名仍上升至第五，達成他在賽前設定的近期目標，也多虧了他的亮眼表現，讓世界看見台灣。

拳擊女孩黃筱雯，翻轉第二人生

世界排名第三的拳擊女孩黃筱雯，在東京奧運奪下銅牌。雖然無緣晉級金牌戰，已是台灣奧運拳擊史上最佳成績。

擂台上，黃筱雯表現亮眼，但曾慶裕語帶不捨的說：「學拳擊的孩子，通常來自比較弱勢的家庭，需要教練和師長更多的關懷。」

對於自己的出身，黃筱雯從不避談。一歲時，父母離異，爸爸更因吸毒而入獄三次，所以他自小就是阿公阿嬤帶大。面對單親家庭、隔代教養的成長過程，他也曾經心存怨懟、無法諒解，但隨著在拳擊路上以自身力量擊出成就，也讓他擁有迎接第二人生的信心。

「我是第一屆的拳擊隊，那時候成員只有四個人，只有我一個女生，後來隊員開始慢慢變多，在學校的幫忙下，我們才有了比賽規格的賽台可以進行訓練。求學這六年，看著拳擊隊一路走來的改變，讓我覺得滿開心。」

這次獲獎，黃筱雯歸功於學校師長們的支持和幫助，才能讓他在大學期間無後顧之憂的進行訓練。賽後，他說爸爸永遠是他的靠山，自己也希望成為爸爸的驕傲，這番感性喊話感動不少人，「我改變不了原生家庭的環境，但我能改變自己的命運。」翻轉人生的寫照，成為奧運場上最激勵人心的篇章。未來，他也希望能用一己之力，持續回饋母校。

重拾體育名校的榮光

早年的輔大，可說是眾所皆知的體育名校。江漢聲舉例，田徑界裡無人不曉的「吳媽媽」吳錦雲，擁有「三鐵皇后」封號，過去在輔大執教多年，培育出許多田徑好手，其中不乏全國紀錄保持人。

從一九五八年起，吳錦雲參加過三屆亞運，一九六〇年還代表台灣參加奧運鉛球賽，而且四度執掌亞、奧運田徑隊兵符，之後還以教練的身分繼續活躍於田徑場上，對每位選手視如己出。

二〇一六年，吳錦雲獲頒教育部體育署「終身成就獎」，而他在輔大的子弟兵、現任體育學系教授陳鴻雁更大讚「實至名歸」。

▲輔大一直是體育名校，至今培育出許多田徑好手。

此外，體育署副署長林哲宏、台灣體育運動大學校長林華韋，以及其他許多體育界賢達，都是輔大畢業。曾慶裕回憶：「提到棒球就更不得了，八〇年代旅日發展有成的郭源治、莊勝雄，中期的陳義信、黃平洋和王光輝，到比較近期的周思齊、王威晨，還有籃球界的曾祥鈞，都是在體壇發光發熱的優秀選手。」

東京奧運場上，選手們的精采表現，無形中也讓多年來輔大在體育項目的努力被看見，重新擦亮這塊金字招牌。曾慶裕直言，現今各大專院校競爭激烈，大家都想要爭取績優運動選手到學校就讀。那麼，輔大如何脫穎而出？他認為，關鍵就在於天主教大學獨特的人文素養，不僅幫助學生開拓更廣大的視野，提升自我認同感，更重視生命價值。「我們把這些特質帶到運動員身上，就能創造出不同，」曾慶裕說。

整合各領域，引導體育專才多元發展

教育學院在課程規劃上，也有所突破。曾慶裕提出，將院內六個科系進行橫向連結，有益學科間的交流。比如讓體育學系學生修習圖書資訊學系課程，之後他們也可以做一些運動資料大數據方面的分析，有助於掌握自身和對手的整體狀態。

這個想法也和江漢聲不謀而合。曾慶裕補充：「校長的理念，是希望不要把選手只定位在體育學系，而是要多方面發展。如果能協助他們待在更多不同領域的專業，將來在各行各業，他們都會是非常優秀的領導人才。」

郭婞淳透露，自己當初決定降轉到輔大就讀的原因之一，確實就是因為在綜合大學中，比較有機會接觸不同領域的知識，「或許可以找到不一樣的方向，也讓自己未來可以多一些選擇，為學校爭取更多的榮耀。」

曾慶裕則有感而發的說，郭婞淳多年來熱心公益、默默行善，為其他優秀選手樹立標竿，「除了自己好，也能幫助更多人一起共好，對社會做出更具體的貢獻，」他強調，「這會是我們所樂見的。」（文／張雅琳）

在醫學建築中找尋美的療癒

輔大醫學院和醫院突破傳統的設計

「在很多老一輩的印象裡，輔大哪有醫學院？甚至是現在，也有很多計程車司機都不知道輔大有醫院，」江漢聲形容，從醫學院到醫院是一段漫長的路，但從學校的發展脈絡來看，一九九〇年醫學院成立、二〇〇〇年增設醫學系，再到二〇一七年附設醫院開幕，確實是這三十年間相當可觀的成就。

輔仁大學附設醫院自二〇一七年啟用以來，守護新莊、泰山和五股地區近六十多萬人口的健康，為所有需要醫療服務的人盡心盡力，對於地方醫療量能的提升，意義重大；而能夠支撐起這樣一間頗具規模的大學附設醫院，無論從學術研究、臨床技術等專業面向來看，在其背後的輔大醫學院，代表的意義相當重大。

這條醫療服務之路的開端，始於熱情獻身於天主教會、一生盡守本分的神父朱秉欣。當

▲地上十五層樓高的輔醫大樓，一樓大廳挑高明亮寬敞，陳列「生命之樹」浮雕壁畫，亦備有鋼琴供義工彈奏，可安撫心靈。

年的他為了培育醫界人才，決定籌劃成立醫學院，秉持真善美聖的核心價值，培育具有人道關懷、奉獻精神、術德兼備的醫事人員，希望能夠對台灣的醫學教育有所貢獻，彰顯天主教濟世救人的精神。

倬章樓，為習醫奠定基礎

在輔大新舊醫學院的外牆，都可看見墨西哥裔天主教藝術家鮑博（Mr. Borboa）所創作的嵌瓷壁畫，兩幅畫作分別傳達耶穌帶領學子探索學問與耶穌引領病患往前，救苦救難精神，呼應醫學院的辦學理念。

鮑博自幼酷愛藝術，對大自然有強烈的感受性，從事壁畫創作四十四年，

▲輔大醫院在二〇一七年正式啟用，守護新莊、泰山一帶民眾的健康。

運用彩色玻璃、馬賽克砌成巨大的壁畫，用藝術描繪耶穌基督的福音。

在鮑博的畫作中，人物有臉型卻無五官。他認為，觀者一定能感受到畫中的喜樂或痛苦、悲傷或歡愉，因為那些都是內心反照，透過一幅幅《聖經》故事，將能量傳達給觀者，展現神與藝術家對於愛及萬物的關照。

舊醫學院大樓於一九九二年啟用後，學生從此有了專用教室與研究空間，得以安心的學習醫學專業。

大樓的興建多所不易，在朱秉欣的奔走下，大樓興建費用得以獲得宗倬章教育基金會的捐贈。二〇一一年更名為「倬章樓」，以茲紀念。

隨著醫學院的發展成長，原有空間

日漸不敷使用，江漢聲擔任院長之初，董事會已經決定要在舊醫學院大樓旁，增建一棟更具現代化設施與規模的新大樓。

設立新大樓，展現投入醫療的決心

二〇〇五年，斥資八億四千萬元的新醫學綜合大樓落成，後為紀念樞機主教單國璽，命名「國璽樓」。他強調，新醫學綜合大樓的成立，代表輔大要將醫學院辦好的決心，投入這些資源，也能使輔大在全台私立綜合大學中，保持穩定領先的地位。

地上十五層樓高的新建大樓，由建築師潘冀領軍的專業團隊操刀設計，以象徵神聖潔淨的白色為基調，外觀立面利用弧形玻璃帷幕串連舊建物，也因建物造型簡潔，適度減緩龐大量體可能造成的視覺壓迫感。新大樓提供醫學院六個科系所需空間，包含醫學系特有的實驗室、大型解剖室、醫學臨床中心等大型及一般教學場域。

江漢聲提到，新醫學綜合大樓以原地標物中美堂為圓心，與舊醫學院大樓形塑出高中低有層次的醫學院建築群，是規劃時和建築師討論出來的，利用設計手法，希望使三個不同的建物，在外觀呈現一體性。建築前方入口廣場是最親切的迎賓門面，新大樓裡設置了醫學圖書館，豐富學術資源，多功能的演講廳可做為國際會議廳、音樂表演使用，更貼近全校性的需求。此外，新大樓也預留一處空間設立輔大診所，為全校師生及社區民眾提供醫療服務。

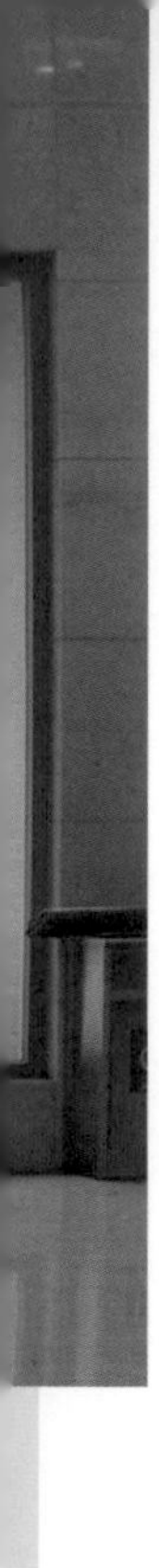

修女德蕾莎曾說：「把愛付諸行動。愛的工作就是和平的工作。」若說輔大醫院是全體師生期待的遠大夢想，那麼二〇〇七年開幕的輔大診所，就是實踐夢想的小小先驅者。

在醫院啟動以前，籌備處將經營理念植基於輔大診所，為醫院的起跑暖身，歷年來持續擴增科別，提供完整的門診服務。在無數個寒暑交疊的日子裡，持續關懷輔大師生與神父修女們的健康，也照顧醫治附近民眾的病痛與急救傷。在醫院落成以後，診所也能跟醫院妥善接軌與分工，分擔醫院的醫療量能。

用人文藝術、養心療癒來築砌醫院，耗時十七年、終於在二〇一七年催生出來的輔大醫院，無庸置疑，是輔大創校以來向前邁開的最大步。平地起高樓本非易事，為了打造出既現代化又富有人文思維的大學醫院，團隊召開了超過三十場籌建會議，邀請近四十科的醫療專家參加，通過近二十次各類委員會決議。

回憶當時的討論過程，江漢聲認為：「一旦蓋了醫院，就不能後悔，得好好規劃才行，因為這棟建築會比我們都長壽。」幽默話語，點出了「長久」正是建築影響深遠的重要特質，一如《聖經》講述的磐石工程，建在磐石上的建築才會有千百年根基。

輔醫榮獲黃金綠建築指標，諾亞方舟造型撫慰病患

在《希伯來聖經》的〈創世紀〉，根據上帝的指示而建造的大船，讓諾亞與他的家人，

▲運用大面積玻璃窗引進自然光，將校園景觀與綠意延伸至醫院內部。

以及世界上的各種陸上生物能夠躲避掉災難，各種生物得以存活於世。身為華人世界唯一天主教大學醫院，為充分體現天主教精神，醫院特以優美的弧狀建築為設計主軸，呈現磅礡的諾亞方舟造型，代表著天主對大地的賜予與生命的綿延永續；建築立面整合大型十字架設計，利用LED燈轉化成光的雕塑，輕柔的守護每一顆需要醫治的心靈；入口前的雨遮造型，象徵聖母瑪利亞榮冠的慈愛與包容，傳達接納大眾、撫慰病患的意象。

江漢聲特別介紹輔大醫院是具有宗教情懷、環保永續、兼具智能未來性的建築設計，「醫院外觀設計融入聖經方舟的意象，弧形朝外的設計象

◀位於輔醫一樓的沐恩堂以安慰與醫治當主題，這個寧靜的祈禱處所二十四小時開放，讓病患與家屬前來祈禱或沉澱心靈。

徵學校和醫院如耶穌懷抱世人的服務社區。在建築特色上，以《聖經》中生命樹生生不息、不枯不朽的寓意，針對綠化量、基地保水、日常節能、二氧化碳減量、室內環境、水資源汙水垃圾改善加以規劃，通過黃金綠建築評定。

而輔大醫院也是全台少數獲得黃金級標章的綠建築醫院，頂樓指標性的屋頂造型，設置太陽能發電面板，集合陽光、空氣、水成為會呼吸的建築，具有與大地共生的意涵。

沐恩堂，醫治心靈破碎與包紮傷痕

醫療不僅是醫治身體，也需照顧病患與家屬心靈上的困頓與無依，位於一樓的沐恩堂以安慰與醫治當主題，入口的玻璃門寫著：「祂醫治了心靈破碎的人，也親自包紮了他的傷痕。」

聖堂中透過黑白反差勾勒「耶穌醫治瞎子」的畫像，這個寧靜的祈禱處所，二十四小時開放，讓病患與家屬前來祈禱或沉澱心靈。

聖堂的祈願牆上記錄著幫助醫院的恩人、醫護同仁等，無私與奉獻的光輝幫助更多醫療貧弱的朋友，小小的牆記錄著無盡的愛心與光輝，以心換心感動更多心靈。

江漢聲指出，輔大醫院將「以病人需求為中心」的概念落實在整體規劃上，舉例來說，每間病房都設有祈禱室，任何宗教信仰的人都能使用，讓心靈淨化。

大廳陳列了法藍瓷捐贈的浮雕壁畫「生命之樹」和各式藝術作品，不時會有義工現場彈奏鋼琴，洋溢藝術氛圍。他強調，「在這樣的空間裡，人才能釋放自己的內心，原本因為病情而焦慮不安的情緒，得以安定舒緩。」

聖路加健康管理中心，量身打造照護計畫

「金錢、地位、財富、事業都是零，只有身體健康才是一。」這句耳熟能詳的話也看出健康的重要性，擁有健康就擁有未來；失去健康，就失去了一切。

近年來預防醫學興起，整合健康檢查、營養飲食、運動與健康管理，在健康狀況出現異常前加以控管與預防。輔大醫院的聖路加健康管理中心由各科權威輔以尖端醫療設備，提供

▲融合中西文化設計的聖路加健康管理中心，希望能營造充滿溫馨關懷的醫療空間。

專業、嚴謹的檢查與細心的解說，對個人健康提供完善的管理。

融合了中西文化素養的候檢空間，讓醫療有溫度、充滿溫馨與關懷。寬敞的等候休息區、獨立的檢查室與貼心的餐飲區，並配有乳房攝影、電腦斷層、核磁共振等最精密的檢查設備，結合內外科等各醫療科部，為民眾健康做全面性而嚴格的把關，同時也有專業健康管理師與營養師，提供完整的疾病篩檢、預防及健康管理等服務。

裡面還設置了國際醫療中心、專屬國際醫療的健檢專區以及獨立專屬病房區，讓就診人士在私密空間享有ＶＩＰ等級的照護服務。同時，也將以通過國際醫院評鑑（ＪＣＩ）為基礎目標，培訓專業人才，提供外語服務，協助國際人士就醫相關事宜。聖路加健康管理中心懷著對聖者崇敬、專業、高品質的心，為大家量身打造專屬健康計畫。

在醫院也能感受燦爛陽光

色彩，可以改變環境氛圍，也能改變人們的意念與希望。因此，醫院主牆刷色以平和輕快為原則，選擇高明度、低彩度的色調，強調醫院的療癒功能，能帶給病患安心與信賴感。

輔大醫院入口大廳處挑高三層樓，出自江漢聲的構想。他在得到董事會的認同後，得以不計成本與空間，堅持保留空曠的大廳，運用大面積玻璃窗引進自然光，將校園景觀與綠意延伸至醫院內部，創造明亮溫馨的舒適空間。「病人和家屬走進醫院的第一時間，不會感覺到任何壓迫感。」每一間重症病房都有窗，病人看得到外面的陽光世界，為他們帶來希望，不再有憂鬱和恐慌。各樓層也闢出「日光室」的空中樓閣，設計師選擇大型植栽與俐落的家飾搭襯，讓疲憊的人可在此靜謐空間中尋得絲毫喘息。

細思醫院應被賦予的角色是什麼？建築設計對環境的貢獻是什麼？江漢聲以「回歸初衷」的心強調，「我們的目標，是成為一間有靈魂、有信仰，有深度和內涵，能為人帶來希望的醫院。」（文／張雅琳）

堅持初衷，用藝術療癒人心

陳立恆建構陶瓷境界

輔大醫院成立的使命，是要成為一間有靈魂的醫院，由外到內，無處不充滿具巧思和深意的創意設計，尤其是這面藝術之牆，閃耀的瓷器光澤映入眼簾，令觀者無一不讚嘆，難以移開視線。

這幅名為「生命之樹」的大型浮雕壁畫，是江漢聲口中的醫院亮點，「經常有人慕名而來參觀。」

曠世巨作的捐贈者，正是法藍瓷總裁、輔大德語語文學系校友陳立恆。

生命之樹，生生不息

「文創」是近年來的熱門關鍵字，早在二〇〇一年創立的精品瓷器品牌

◀輔大醫院亮點「生命之樹」瓷牆，出自法藍瓷創辦人陳立恆之手。他藉由動人的藝術作品，為醫療空間增添祥和氣息。

FRANZ

「法藍瓷」，以自然萬物為主題的瓷藝創作，連續數年榮獲聯合國教科文組織頒發「世界傑出手工藝品證章」，讓台灣瓷器站上世界舞台，可說是文化創意產業的領頭羊。

只有法藍瓷，能融合東西方美學，以細緻的製陶藝匠技術，創新當代瓷品風華，掀起瓷器新浪潮。法藍瓷擅長把花草豐姿、蟲鳥律動，以立體雕塑呈現在作品中，並用流暢線條與釉下彩技法，表現典雅的人文氣質。

二十年來，法藍瓷製作的瓷瓶、杯盤等工藝品，數量不在話下，但首件真正走入公共空間、與民眾共享的藝術創作，便是位在輔大醫院一樓大廳的藝術瓷牆「生命之樹」。

有別於直接捐獻現金，陳立恆別出心裁將法藍瓷的創意、美感展現在這座造價上億元的瓷牆，捐贈給輔大醫院，藉由動人的藝

◀法藍瓷擅長把花草豐姿、蟲鳥律動，以細緻的雕塑技術，呈現在作品之中。

術作品，為醫療空間增添祥和氣息，實現「醫院治病，藝術療心」的宏願，深具意義。

「生命之樹」舉凡投入的人力、耗時與造價，都是法藍瓷品牌創辦以來之最，陳立恆自豪表示：「透過這面牆，也能讓大眾廣為周知，證明法藍瓷有創作大型公共藝術的能量。」

傳承善念，安撫人心

巨幅瓷板壁畫從中間樹的主幹分為左右兩側，長度加總起來超過十八公尺、高三公尺，是以三百六十四片立體大瓷板，搭配兩百三十六塊小瓷板拼貼而成，「每片瓷板的圖案沒有重複，都要一片一片手工雕塑，得經過上百道工序，再以攝氏一千兩百多度的高溫瓷化燒成。」更不用說過程中還有無數次的回窯重燒，調整修改，才能表現出最佳的釉色。從形、色、質上，在在表現出法藍瓷精益求精的工藝精神。

「我們的每件作品，都有想要傳遞的訊息，」談起藝術瓷牆創作的起心動念，陳立恆提到，陶瓷只要不被打破，可以不變質、不變形，長遠的保存下去，如此一來，每個訊息的存在就變得更有意義，能讓後世的人，看見千百年前的思想和生活。

《聖經》中《若望默示錄》的〈生命之樹〉篇章記載：「天使又指示給我一條生命水的河流，光亮有如水晶，從天主和羔羊的寶座那裡湧出，流在城的街道中央；沿河兩岸，有生命樹，一年結十二次果子，每月結果一次，樹的葉子可治好萬民。」正與輔醫的使命不謀而合。

法藍瓷設計總監李光裕以此為靈感，刻劃出生命之樹開枝散葉、置身在藍天綠地與流水潺潺間的和諧景致，象徵輔大醫院如同這棵生命樹，張開雙臂，療癒子民，讓善念傳承，生生不息。

此外，整個牆面分為上、中、下的層次布局，呈現天上牧者、人間典範及現世美景，將精心挑選的十個故事，散落在不同的經緯交叉點，有耶穌治癒盲者的生命之光，有修女德蕾莎在愛中行走的聖徒善行，有提燈天使南丁格爾，有白袍典範史懷哲，輔大首任校長于斌也在其中。

「所以，當我得知輔大醫院有這麼明亮寬敞的大廳，便思考是不是由我來捐給學校一面美麗又獨特的藝術瓷牆，」他笑笑說，作品裡不只有美的訊息，還有善的意義，「當病人和他們的親屬看見牆面時，可以藉由自然平淡的色彩來安撫心情，從作品中獲得力量；能夠做到這樣的話，對醫院的意義就很特別。」

集結工藝匠人，淬煉巨作

陳立恆強調，除了傳達「愛、關懷與分享」的信念傳承，透過生命之樹，也希望藉此激勵患者保持正向、懷抱信仰，「因為奇蹟隨時可能會發生。」

在富含故事性的主題之外，細觀瓷牆，不僅有繽紛花朵於牆上綻放永恆，在茵茵綠草之

◀法藍瓷在四百五十個工作天裡，動員超過三十位工藝匠人齊心協力，淬煉出「生命之樹」的巨作。

間，還有三十八隻以陶瓷3D列印技術做成的青蛙，別具趣味，更為牆面增添盎然生氣。大小僅約一平方公分的迷你青蛙，都是彩繪師細細上色，平均每隻要五十道筆畫才算完成，嚴謹細緻的程度可見一斑。

回憶那段奮力不懈的日子，陳立恆彷彿歷歷在目。「打造這棵生命之樹，真的不是那麼簡單。」四百五十個工作天裡，動員超過三十位工藝匠人，在雕模師、打樣師等多位師傅齊心協力的巧手下，淬煉出這幅巨作。

陳立恆特別要求所有參與的藝術工作者，都要在牆面的某個角落留下簽名，「這就像一個留給後世的印記，將來他們可以驕傲的和子女分享，自己當初是如何以蓋教堂的心情構築這道牆。」讓大家更懷抱著

▲藝術瓷牆「生命之樹」開枝散葉、置身在藍天綠地與流水潺潺間的和諧景致，象徵輔大醫院張開雙臂，療癒子民，傳承善念，生生不息。右四為陳立恆，右五為江漢聲。

使命感來完成作品，視為畢生的光榮成就。

他最印象深刻的，是當時考量製作時需要足夠大的空間，才能時時檢視作品、逐步修正，但在寸金寸土的雙北市區，要找到符合條件的場域並不容易。陳立恆苦思良久，有天突然靈光一閃，想起自家公司不就有個閒置多年的地下室，占地廣達一百五十坪，挑高又寬敞，正適合用來做這個案子。他有感而發：

「總覺得冥冥之中，好像這面牆就是要我們來做。」

用一輩子執著做一件好事

促成陳立恆打造藝術瓷牆背後的動力，正是源自已故神父孫志文。

陳立恆在就讀輔大德文系時，德國籍神父孫志文（Fr. Arnold Sprenger）是當時的系主任，「Franz 就是孫志文幫我取的德文名字，」法藍瓷的名稱來自於此，意味著品牌與他同為一體，是他對自己、也對公司負責任的態度。

陳立恆曾經在許多場合不只一次提到，孫志文對台灣教育的終生奉獻，讓他深受啟發，「愈是了解孫志文，就愈覺得佩服，」在他學生時期記憶裡的孫志文，手風琴拉得很好，還有一雙迷人的藍眼睛，「這樣一名無論儀表、談吐、才情和學識皆卓爾不群的男性，把自己的一生奉獻給神職和教育，無怨無悔，盡其所能的貢獻己力，造福他人，怎麼能夠不令人欽佩？」

對陳立恆來說，畢業多年來，輔大校訓「真善美聖」始終長駐於心，「『真善美』大家常聽到，就像我們講『科學求真、人文

◀法藍瓷工廠座落在千年瓷都景德鎮，融合東西方美學，創新當代瓷品風華。

▲於輔大求學時期的點點滴滴，都成為日後轉換跑道創業的養分，陳立恆（前排右二）也樂於回輔大演講，推廣心中珍視的人文藝術價值。

求善、藝術求美』，但如果提到『聖』字，好像很難找到適切的詞彙去形容它。所以一直以來，大家總覺得『聖』是很遙不可及的，沒有幾個人夠格稱聖。」

唯獨在孫志文身上，陳立恆看見了人如何能堅持初衷、止於至善，「當一個人用一輩子的時間執著做一件好事，再平凡的人，也變成了聖人。直到人生走到終點，孫志文都還在為我上最後一課。」

陳立恆一生與創意結緣，更因為開創瓷器品牌，有新瓷器時代推手的美譽，在他人眼中，陳立恆集結企業家風範和設計師才華於一身。其實，早在大學時期，他就已沉浸在藝文領域。他在《玩美法藍瓷》著作中形容自己年輕時期的模樣，是個「左手西洋搖滾、右手德文詩詞，開著車、背著吉他」的文藝青年。

他在輔大念書時最著名的事蹟之一，就是大三時頂下艾迪亞民歌西餐廳經營，除了自己和同學組的搖滾樂團有了固定表演場所外，胡茵夢、胡德夫、齊豫等名人，當年都曾在此駐唱，可說是台灣最早的民歌發源地，也成為台北最具代表性的藝文時尚據點。陳立恆打趣說：「所以說我很早就在經營文創產業，培養演藝人員。」

用瓷器述說每一則故事

求學時期的點點滴滴，都成為日後轉換跑道創業的養分，讓他以瓷器做為載具，用每一件禮品說故事（story-telling），推廣心中珍視的人文藝術價值。在陳立恆眼中，一個好的藝術作品，要有自己獨到的詮釋，能感動人們的心靈、啟發想像，進而產生共鳴、豐富生活，可以持續在世界上發光發熱。

他特別提到，文化創意事業的價值是「拉長型」的，雖然不像其他產業能創造立即顯著的收益、無法在數字上比拚，「但假使作品流傳下去，它都是活著的，」陳立恆說。這也是他為什麼堅持初衷，希望能繼續傳遞更多愛與美好的信息，創造美好豐盈的人生。（文／張雅琳）

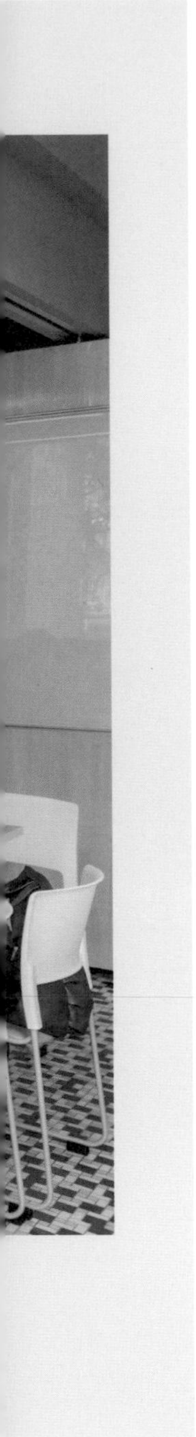

跨世代空間美學，為學習加分

教學環境優雅創新的輔大學堂

「你看，那些教堂的彩繪玻璃，都是六十年前神父修女們從世界各國募資進口來台灣的，」在輔仁大學教務長王英洲的眼中，輔大的老建築特別具有靈魂，是最值得珍惜的，「我們保留這些珍貴的東西，讓往後的每一屆學子，都能從中體會當初天主教神父修女們辦學的用心。」

「輔大是間歷史悠久的學校，」王英洲提及，「很多年輕的大學自然有其優勢，但他們沒有辦法憑空蓋出一棟有歷史的建物，」他以華山、松菸園區為例，都是歷史古蹟與新世代文創的融合，旋即話鋒一轉笑說，新大樓蓋得漂漂亮亮有什麼難，「我們在舊建築裡加入新的元素，這個才是真功夫。」

▲輔仁大學致力於打造「不像教室的教室」，進行教學場域的優化，期望讓學生更能沉浸在學習氛圍中，進而愛上學習。

一般而言，學生走進教室的心情很少是高興的，「當學生把『教室』和『上課』劃上連結，情緒自然會受到影響，」王英洲說。然而，自二〇一九年上任起，王英洲致力於打造「不像教室的教室」，陸續進行教學場域的優化，期望讓學生更能沉浸在學習氛圍中，進而愛上學習這件事。

除了透過軟硬體的升級來優化學習環境，心理學專業背景出身的王英洲，更從心理層次切入，重新規劃出一個友善學習的空間。優化不是只有美化，他笑笑說，更重要的是，「還原學習本來的快樂」。

尚學 Bar! Fun 學趣，學習更有感

輔大校園隨著四季遞嬗，流轉不同美麗。如今在校區漫步，綠樹蒼蒼如昔，學習氛圍卻和以往大大不同，最顯著的轉變，來自在二〇二〇年度率先展現全新樣貌的五十個學習空間。在行政副校長張懿云的指導與全力支持，由王英洲負責統籌與推動。王英洲信心滿滿，花三年時間，就能提升學校的整體美學，翻轉輔大校園。

「試想，同樣是學習，當你去學瑜伽、鋼琴、書畫這些有興趣的事物，就樂此不疲，為什麼去學校卻覺得無聊？所以首先要做的，就是把學校改造成令人充滿期待的學習樂園。」

王英洲提出「尚學 Bar! Fun 學趣」標語，也就是塑造時尚的空間與氛圍，讓學生喜歡

▲討論室使用各種跳色設計，配合特色燈光，打造活潑有溫度的學習空間。

上學，而一個有溫度的空間，能讓學習更有感覺。他笑著提供另一種說法，「Fun學，意味著學習充滿趣味，讓學生下課之後還依依不捨留在學校。Bar 除了形容時尚的學習空間就像酒吧一樣引人嚮往，也可以用諧音解釋成歡迎大家來到輔大當『學霸』。」

從多元材質、配色和燈光通盤考慮，讓整體空間看起來更明亮俐落、充滿現代感，一掃過去想到校舍建築就是灰暗沉重的感覺。教室改用跳色設計的烤漆玻璃白板，既時髦又實用，無論上課教學或學生上台報告，使用起來都更順手。

以前教室的天花板，都是搭個輕鋼架再鋪排隔板，經年累月堆積灰塵，王英洲大手一揮直接拉掉板子，化身工業風，既解除藏汙納垢的疑慮，外露管線反而更便於電器整修、更好整理，視覺上更通透、壓迫感也沒了，「到目前為止效果很好，很多學校來學習取經！」

「比如數學系，會有一面導入公式的黑板；經濟學系，加入股票曲線變動的設計元素；如果來到織品學院教室，你會看見特色繽紛布牆；在文學院，可欣賞到當代知名書畫家、前中文系主任王靜芝教授

▼寰宇廳窗台上，特別引用蘋果創辦人賈伯斯名言中的「connect the dots」，期許師生都能不斷發揮創意思考。

◀半開放的討論室，可進行個人閱讀、團體討論、舉辦會議等活動。圖為濟時樓「創新跨領域虛擬學院」。

的墨寶；還有，位於秉雅樓一樓的民生學院歷史光廊，是一處充滿生命力的優雅空間。」

王英洲觀察到，過往建置教學場所的概念，大多停留在堅固、耐用、標準化的同一個模式，不管蓋了五十間、一百間，都是同樣的擺設，「我們在改造的同時，特別融入教學特色。」透過優化，讓每個學系建立起風格場域，逐漸長出自己的樣子。

引領教學場域新趨勢

「時代在改變，要用年輕人喜歡的方式與學生溝通，」曾經擔任八年學務長的王英洲，過去都跟學生活動綁在一起，更知道現在年輕學子的需求。

3C世代的孩子筆電、平板、手機不離手，必然也影響硬體設計。舉例來說，早期的桌椅設計，桌面範圍有限，頂多只能用來抄筆記，無法滿足學生人手一台筆電的現況；還有，每個空間面臨的挑戰是網路頻寬要夠、網速要快，有足夠的插座。這些都是新的空間要克服的。

又好比現在左手寫字的學生很多，他分析過數據後，設定平均每五十組桌椅裡，就要配置三組給左利手的學生。諸如此類的貼心設置，能形塑友善學習的情境，增加學生課後在學校停留的意願，進而提升學習效能。

「不管是專業教室或一般教室，多功能、客製化的新型態教學場域，想辦法讓它們一個個來發生。部分空間更加入臉孔辨識、體溫量測、學習分析等智能管理，很多設計概念一步步走，要翻轉教育，讓輔大成為更新穎、引領趨勢的學校，」王英洲自豪說。

數位世界之窗，鏈結全球點線面

一走進「寰宇廳」，各種造型、色彩繽紛的閱讀沙發，相當吸睛：入口處的創意字母沙發、中央幾何圖形的互動交誼沙發、電視前的小組討論沙發，以及像積木般堆疊的座椅沙發。窗邊的實木吧台桌，坐擁輔大校園的一片綠意，是最受學生青睞的位置。新潮又時尚的造型階梯，就像一處小型舞台，舉凡演講、發表會，甚至重要節慶的報佳音，都可在此上演，互動氣氛輕鬆自在。

王英洲透露，寰宇廳位於外語學院一樓，一直是輔大金字招牌，語言要透過交換與交流，才有更多成長和進步，因此學習不應侷限於傳統教室內，而是讓外籍生和本地生交流的場域，改頭換面的寰宇廳也就應運而生。

寰宇廳扮演的另一個重要角色，就是「數位世界之窗」。現場設置七十吋寬頻數位投放電視與高階 iMac 蘋果電腦，學生能在這裡觀看國際賽事轉播，或進行小組電影討論等活動，查詢各種學習資源與數媒，集結了休閒、交誼與語言學習等三大功能，成為校園中實踐創意教學、數位行動學習、跨文化溝通的最佳場域，讓學生輕鬆與世界各地鏈結。

▼模擬 NBA 球場的數位資訊空間，集結了優雅、簡約、時尚和復古等多元風格。

▶寰宇廳所扮演「數位世界之窗」的角色，成為校園中實踐創意教學、數位行動學習、跨文化溝通的最佳場域，讓學生輕鬆與世界各地鏈結。

一如寰宇廳窗台上引用蘋果創辦人賈伯斯名言中的「connect the dots」（把點點滴滴串連起來），期許每位使用這個學習空間的師生，都能不斷發揮創意思考、將人際互動做點線面連結，累積自己過去和現在的點滴努力，終有一天水到渠成，發展成美好的未來。

跨域虛擬學院，刺激多元創新

在輔大教學空間優化團隊的努力之下，二〇二一年正式揭牌的濟時樓「創新跨領域虛擬學院」，發展蘊含STEM與SDGs精神內涵的跨領域課程模組，打破專業本位，引入產業新趨勢，以培養與時俱進的斜槓能力。

王英洲笑說，雖說是虛擬學院，「但還是要有一個實體空間來運行推展學習，」他大力推動、協調整合各單位，改造濟時樓一樓與地下室，做為全校的跨領域學習空間。

「如果你學的是傳播，可能還需要精進第二外語；在數位時代，最好要具備一些網頁技能；日後在職場晉升為主管，還需要懂得管理的思維。這就是為什麼我們現在要培育學生的斜槓能力，」王英洲強調，「跨領域」已經是當前的學習趨勢。

校長江漢聲就是斜槓跨領域的典範人物，身兼教育學者、醫學權威、音樂家和作家等多重身分，他認為透過AI的發展，將來輔大的課程設計可以有更多跨領域的結合，科學端也能跟人文端、經營管理端有更好的連結。

很多課程都在全新場域中展開：有代表「法律之前、人人平等」的天秤意象教室，有模擬NBA球場的數位資訊空間，集結了優雅、簡約、時尚和復古等多元風格。原本老舊的地下室，則搖身一變成為半開放的討論室，可進行個人閱讀、團體討論、舉辦會議及各樣式活動。

王英洲表示，「這樣的e-school實體學習空間開放給全校師生使用，讓更多的跨域對話、更多元的創意發想，都能在此發生。藉由學習空間的活化，讓學生在各領域活出精采的斜槓人生。」（文／張雅琳）

第三部

點亮明燈，播善人間

一粒麥子在輔大落土、生根，
向每個生命角落長出良善的枝枒，
期望終結困境，提供溫暖友善的關懷，
點亮心中的燈，朝未來前行。

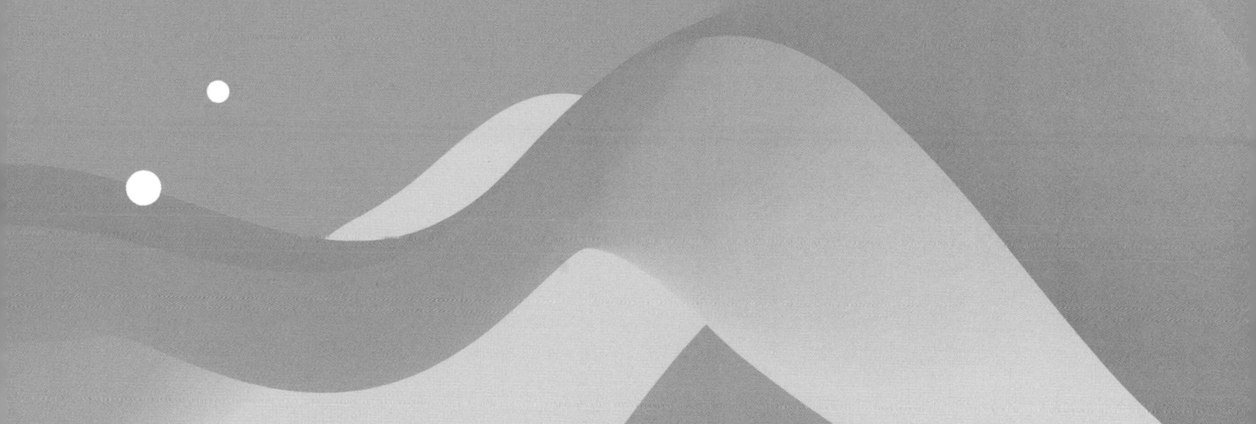

善

從無到有，孝愛傳家

羅崑泉打造健康器材王國

人生，就像一場馬拉松，有健康的身體，才有機會實現夢想，而要鍛鍊良好的體魄，少不了運動。

多年來積極支持輔大體育運動的喬山健康科技創辦人暨現任董事長羅崑泉，白手起家，一手打造亞洲第一、世界前三大的國際專業運動健身器材集團，是輔大年度傑出校友之一，雖年逾八十，仍面色紅潤、聲如洪鐘，堪稱品牌的最佳代言人。

羅崑泉是一九六七年輔大經濟學系畢業的資深校友，他所創建的喬山集團，以成為塑造人類健康的最佳企業為願景。羅崑泉有句名言是「用身材賣器材」，他笑說因為經營健身器材產品製造與銷售，深刻感受到唯有保持健康的身體，才

◀白手起家的喬山健康科技創辦人暨董事長羅崑泉，多年來積極支持輔大各項體育運動。

2010
台灣精品

是最有說服力的行銷，所以多年來，他和太太每天一早和晚上，都會使用喬山的跑步機、橢圓機在家運動，養成良好的運動習慣。

最暖心有情的後盾

畢業後為回饋母校，羅崑泉多次捐款給經濟學系做為發展基金、贊助學校諸多活動，舉凡輔大在台復校五十週年時的活動禮品、提供場地做為輔大台中市校友會及輔大全球校友總會理監事會議使用，皆不遺餘力。輔大每年夏天都會舉辦「鐵馬環台」公益活動，羅崑泉更是年年支持，可說是鐵馬車隊最暖心的後盾。

鐵馬環台迄今邁入第十二年，除了鼓勵師生參與自行車運動促進身心健康，讓學生在活動中培養互助合作的精神，同時結合社會關懷，過去幾年曾分別為運動績優清寒選手、輔大醫院、勇源輔大乳癌基金會等單位募款，援助社會弱勢。

車隊路線途經台中，每一年都會造訪喬山，將這裡當作中繼站。羅崑泉笑說，每次看見這些聰明活潑、青春正盛的小學弟妹，都特別感覺到生氣蓬勃。每年值此之際，台中市校友會也會召集校友們共同參與，陪學弟妹們共騎從台中到彰化的一小段路線。

羅崑泉回憶，讀輔大時初來乍到一個環境，感受到最不同以往的就是「真善美聖」的天主教精神，「學校就像一個大家庭，氣氛特別親切，」自己求學時期屢獲師長、同儕無私幫忙，心中感念，對母校總是懷抱著一份特殊濃厚的情感，「只要輔大需要我，我必定會竭力奉獻。」

如果你肯學，什麼都學得會

喬山早已是行銷全球八十餘國的跨國集團，往日之因，今日之果，與其細數羅崑泉經營事業的輝煌成果，更應該先回過頭看看，他是如何從一名佃農之子，一路拚搏到今日人人稱

▼輔大每年夏天都會舉辦「鐵馬環台」公益活動，到二〇二一年已邁入第十二年。羅崑泉年年支持，是鐵馬車隊最暖心的後盾。

羨的成就。

羅崑泉出生於一九四一年的嘉義中埔鄉，二戰末期，百業蕭條，他形容當時景況，「那時候生活環境很差，直到國中畢業我都還沒穿過鞋子，」身為長子，羅崑泉上有三個姊姊，下有四個弟弟，「爸爸告訴我，家裡八個兄弟姊妹，只能讓我一個人讀書，」他謙稱從小自覺不聰明，卻也知道自己責任重大、任重道遠，「所以我做什麼都很認真。」

師範學校畢業後，羅崑泉回鄉當國小老師，第二年就被升為訓導主任，同時也面臨了兵役問題。考量到家裡經濟狀況，他選擇攻讀大學進修，爭取更多時間，便帶著四個弟弟北上，一邊賺錢、一邊讀書，最後考取了輔大經濟學系，成為輔大在台復校第一屆的學生。

「第一次到台北，心裡想的是怎麼活下去。」兄弟們租下三坪大的小房間，既是睡覺、吃飯的地方，也是家庭工廠。羅崑泉回憶，那時最小的弟弟才六歲，為了維持生計，他們到市區最熱鬧的中華路看別人怎麼做生意、做學徒學技術。每天下午拿著組裝好的日光燈、電鍋等電器日用品，開始沿街叫賣，就這樣開啟北漂生活。

有一天什麼都沒賣出去，他翻遍口袋，湊了五元，只能買回一小包米，還被賣米的老闆誤以為是要用來養鴿子的。羅崑泉學到經驗，去當鋪典當手錶換得五十元，要是一天沒收入，就拿二十元買二十個饅頭分成早晚吃，第二天如果還是賣不出東西，就再拿二十元買饅頭，要是再賣不出去，第三天最起碼還剩十元。他戲稱，從此建立了「戰備糧」的觀念。

◀二〇一五年，羅崑泉（左）獲選為輔大傑出校友，更獲頒名譽法學博士學位。

還有一次，他偶然經過新莊一家店鋪，老闆招手說要買二十台電風扇，收錢時卻推說手邊現金不夠，要他隔天再來。羅崑泉不疑有詐，第二天再去，已是人去樓空，「我想說完了，連材料的貨款都付不出來。回到學校把事情告訴神父錢公博，他二話不說就先借我兩千元。」

雖然辛苦，難免跌跌撞撞，但這段「微創業」的啟蒙，讓他體會到人生也是如此，「如果你肯學，你什麼都學得會；你不願意學，過了十年你還是都不會。」

從槓鈴起家的運動事業

羅崑泉當過老師，當兵退伍後考取財政部海關關員，做了兩年。雖然都是人人稱羨的公家機關鐵飯碗，他卻難忘心中的事業夢，毅然決然，在一九七五年和太太一起創立了喬山。

▲至今已行銷全球八十餘國的喬山健康科技，從舉重用槓鈴起家，是健身器材領域龍頭。

「其實那時候我根本不知道可以做什麼，就說服太太把工作辭了，開始一邊翻美國進出口黃頁電話簿，一邊手寫 I can do anything（我可以做任何事）的業務信。」

半年後收到回音，信裡畫了簡單的草圖，問羅崑泉願不願意接這筆兩百美元的訂單。他二話不說就回了 Yes，回信後去請教別人，才知道信中指的是舉重用槓鈴（barbell），就這麼一腳踏入健身器材領域。

他自知新手，一竅不通，唯有積極向人討教，於是問遍了二十幾間台中當地鐵工廠的翻砂師傅，勤做筆記。從槓鈴的貨源、生產方式和成本計算一一學起，自己制定出一套標準作業流程，做出效益高、品質好的槓鈴，還被同業稱為「barbell 的教父」，訂單接踵而來。

不過一年的時間，他就賺進了人生第一桶兩百萬元，用這筆錢在台中大肚山買了兩甲地、建造工廠。自此，喬山的生產製造雛型已然成形。

布局全球，創事業新高度

為了增加產業競爭力，喬山不斷精進，轉往健身車等更高階的運動器材代工，卻也面臨中國大陸工廠用低價來瓜分市場。為突破重圍，帶領企業再創新局，一九九六年，羅崑泉下定決心，要發展自有品牌，但銷售卻不如預期，連年虧損。

「我就想，明明我的產品便宜又好用，為什麼廠商不買單？」老友告訴羅崑泉，他設計的款式一看就是「Taiwan Face」，無論功能、規格，都不符合市場流行喜好。

這話一語點醒夢中人，「喬山的製造、研發和管理都很強，可是早期我們不懂怎麼做產品發展、品牌及通路，如果併購美國公司，剛好可以補強，」他在因緣際會下，併購當時世界第一腳踏車品牌 Trek Fitness，得以朝更廣的產品開發領域前進，也吸收更多國際專業經理人才，為喬山在全球市場的布局站穩腳步。

累積痛苦經驗是必須的

因為先在外面教書三年才讀大學，年紀比同儕虛長幾歲，所以羅崑泉在學校有個外號叫「羅 teacher」。對於管理公司的經營哲學，他也有一套淺顯易懂的教學方式。

「沒有管理就沒有紀律，沒有紀律就沒有效率，沒有效率就會倒閉」，這段企業標語，喬山內部從基層員工到高階主管，可說是人人琅琅上口，即使是海外三十餘間子公司的老外總經理，也不例外。

而員工口中的「聯絡簿」，更是羅崑泉引以為傲的管理利器。他要求員工每天進公司的第一件事，就是在工作日誌上列出今日的待辦事項，下班前再逐一確認進度，「可以檢視工作的達成率有多少？沒有完成的原因又是什麼？主管可以給予建議，這是相當重要的經驗傳承。」

羅崑泉再三強調，輔大校訓中的「真善美聖」影響他至深，「我們的企業文化落實每個人一定要有『真』：真實面對自己，誠懇對待別人，才能夠贏得別人的尊敬，這是最基本的精神。」

每年的集團會議上，羅崑泉都像老師對學生諄諄教誨一般，不厭其煩重新宣達。喬山每個經理級以上的主管，都要接受企業理念與文化課程，「上完課還有Open Book隨堂考，」他笑說成績不好就得重考。種種做法，都是希望能將企業精神與文化深入每一位員工心中。

從一個什麼都不懂的鄉下孩子，到跨國集團的領導者，一路走來，羅崑泉心心念念的就是終身學習。他為學習二字下了定義：嘗試加錯誤，「累積很多錯誤，就會有經驗，累積很多痛苦的經驗，就會有智慧。愈是痛苦的經驗，才會懂得以後怎麼避免，」他形容很多大學畢業生進到公司來，就像一張白紙，「我都會鼓勵他們勇於嘗試，犯錯不要緊，不要重蹈覆轍就好。」

每個人都有無限發展的可能，「有願，就有力，」羅崑泉期許學弟妹們敢於立下志願，透過不斷訓練，終究會有達到目標的一天，「為自己圓夢，為輔大寫歷史，為世界創紀錄。」

（文／張雅琳）

透過服務和關懷，讓愛無遠弗屆

從偏鄉兒童到原民，都有優質教育的機會

「生命陪伴生命、生活教導生活」，每星期兩個晚上、每晚兩小時，輔大「台灣偏鄉教育關懷中心」，靠著一條條網路線，連接城裡大學生與偏鄉孩子，「所謂偏鄉，是所有被忽略的地方，包括都市邊緣的孩子，」台灣偏鄉教育關懷中心主任呂慈涵堅持，「偏鄉的夜，電腦教室的燈一定要亮著，陪伴著孩子想要讀書的心。」

陪偏鄉孩子跨出嘗試的一步

自二〇〇七年起，呂慈涵在輔大校方的支持下，接辦了教育部數位學伴計畫，研發全國首創的一對一線上陪伴輔導機制與管理系統，並以營運中心角色，統籌輔導全國二十六所大學，每學期號召近三千多名大學生透過網路陪伴偏鄉孩子身心與課業。

▲十多年來，輔大的偏鄉教育關懷中心與各地偏鄉的在地師長，一同陪伴學童學習與成長。

計畫的起點，是每學期為偏鄉國民中、小學生進行連續十週的一對一線上陪伴與學習，參與的大學生要學習教學法，為學童設計專屬教材；後來，延伸到國中、高中，一路陪著孩子們到大學。

「透過一對一的方式，孩子們感受到被看重，形成信任感和安全感，」呂慈涵說，「課輔的大學生，就這樣慢慢進入孩子生命，成為重要的陪伴。」

保持穩定的關係，讓孩子感到安心。慢慢的，他們在課堂裡起了變化。學校老師發現，孩子在白天上課時比較聽得懂，能比較專注，甚至開始對學習有了興趣，願意發問，一步步拓展視野。

呂慈涵欣喜的分享，「以前孩子交白卷，但他現在願意寫寫看，跨出嘗試的那一步，就是最美好的。」

對大學生來說，不只是指導課業和陪伴孩子。呂慈涵說，「他們學會自我管理，並面對孩子學習上的種種挑戰，建立起對社會問題的想法。」

達成這樣的理想需要龐大資源，但呂慈涵從沒有退縮，因為他看到輔大

▶每一學期，台灣偏鄉教育關懷中心都會號召近三千多名大學生為偏鄉學生進行一對一線上伴讀。

的傳教士們為了救助需要幫助的人，奔走募款，得到寶貴的啟發。

「要幫助這些孩子，就要能獨立募款營運計畫，而不是被動等待別人幫助，」呂慈涵積極爭取企業贊助，陸續和勇源、元大、中華電信、仁寶建立長期合作，「只要懷抱利他的公益理想，藉由分享價值觀，提出具體做法，必能獲得社會大眾的支持，有錢出錢、有力出力。」

「這個計畫能夠成功，和輔大神父修女建立起的奉獻服務核心精神密不可分，」呂慈涵強調。

從創校開始，傳教士們奉獻服務的精神，就成為輔大文化的一環。早在一九六〇年代，輔大神父修女們就帶著師生，深入社會各個角落服務，延續至今，轉化成服務學習，成為輔大最重要的實務特色發揮，也是輔大做為天主教大學的使命目標。輔大推動「服務學習推動計畫」超過二十年，透過服務學習，師生走出教室，看見社會、世界的需要。

把愛帶到世界每個角落

服務學習中心創立者、現任顧問的神父嚴任吉，是輔大服務學習領域發展的重要推手。從一九九八年輔大企業管理學系試辦服務學習體驗實作單元為開端，服務學習中心成立人生哲學種籽隊，推動國內社區機構服務，且開辦海外服務學習種籽教師培育計畫，前往印度垂死之家志工服務，服務學習面向愈來愈廣泛。

一路走來，嚴任吉希望能幫助每個學生在修習知識之外，也能懂得感受生命與生活。服務學習最重要的，就是「親力親為」。因此，在新冠肺炎疫情前的每一年，他必定會親自帶團，到全台灣或世界各地服務；甚至，還曾主辦或參與十二屆的服務學習國際研討會。

每年，輔大約四千名學生投身服務學習，從台灣頭到台灣尾，無論山區離島的偏遠部落，或都市邊緣被忽略的弱勢團體，都可以看到輔大志工的身影。以曾經和永齡基金會合作為例，輔大學生們會幫一些爸爸在

▲輔大服務學習團隊足跡遍及世界各國，嚴任吉（左五）就經常帶著學生們到印度進行服務。

▶織品服裝學系製作愛衣，跨海送到印度的垂死之家。

坐牢、媽媽在工作的小學生進行課業輔導；也親自前往少年監獄服務，接觸到家庭和性格都很黑暗的少年。

輔大各學院系所多達三十二個志工隊。當民眾需要法律諮詢，有法律學系；外籍配偶想學習中文，文學院從旁協助；還有織品服裝學系，幫助癌症病友製作帽子及圍巾；社會學系老師會帶學生到警察局，了解社會現況及需求；營養科學系則到老人之家宣導營養相關知識；資訊管理學系到新竹監獄進行專業技能教學等。

除了將所學貢獻於社會，學生們也能把學習目的與真正的需要連接起來，加深自身學術知識和實務經驗。

服務他人，看見自我價值

透過服務學習的反思成長，建立良好價值及生命態度，也培養未來做為領導者必備的「利他」精神。

深耕台灣之外，也遠赴海外從事服務，最多曾有二十多團同時出團，範圍遍及泰國、菲律賓、印尼、印度、馬來西亞、新加坡、香港、中國、美國、西歐、東歐、非洲、蒙古、緬甸等。在全台灣擁有海外志工團隊的學校中，輔大經常獲得教育部青年發展署的最多補助。

無論在哪裡，輔大師生投入衛生教育、華語文教學、基礎建設等志工服務，藉由進入真實情境脈絡，深刻體現《聖經》中所說的「愛人如己」。

對於生活相對安康的大學生來說，每一次的服務學習任務，都可能是震撼的人生體驗。嚴任吉回想起在印度垂死之家的經歷，每個人主動幫忙餵飯、餵藥、洗衣、洗碗、清理髒汙等，或許這些事情乍看很微小，卻已經能觸發慈悲心與同理心，產生深刻的感受與影響。

輔大服務學習中心主任卓妙如，也曾在印度垂死之家，幫一位乳癌的奶奶換藥，「打開紗布，蕈狀傷口不停流血，房間裡很熱、很潮濕，我分不清臉上是汗還是淚，壓抑著複雜的情緒換藥，包紮完抬起頭，竟看到奶奶對著我溫柔的笑，讓我非常震驚。」

一同協助換藥的加拿大護理學系女生，過程中捧著奶奶的臉不斷說「I love you」，用溫暖語言轉移奶奶疼痛的注意力，讓卓妙如強烈感受到愛的療癒作用。

而一位輔大哲學系男學生同樣在印度擔任志工，發現服務的爺爺拉肚子，立刻帶他到浴室，動手幫他清理排泄物，沒有絲毫猶豫，只因為感受到對方的需要。

除了年復一年持續耕耘在地、偏鄉、海外的定點服務外，輔大更思考結合地方或公部門的資源，建立長期發展的機制。

二〇二〇年九月，輔大社會科學院與興毅基金會成立新莊地區忠信食物銀行。食物銀行可說是社會企業的延伸，也是輔大做為大學，善盡在地社會責任的典型範例。

新冠肺炎疫情持續延燒，許多弱勢家庭工作停擺、甚至失業，經濟雪上加霜，輔大食物銀行成為緊急援助的重要力量，讓缺乏食物的民眾家庭，可以免於饑餓之苦，挺過難關。

使命副校長聶達安認為，由於疫情影響，海外服務學習無法成行，國內的服學團隊持續進行就顯得更加重要，很感謝在這個艱難的時刻依舊願意付出關懷的人，服務學習是學校實務特色的發揮，最重要的是在服務學習中，分享經驗與彼此學習的歷程。

「從服務他人的過程，看見自己的價值，」嚴任吉則認為，並非成績優異就能成為好學生、成功人士。當一個人能主動參與，多與不同文化交流，就能用愛與專業回饋社會，「學會向他人分享，懂得思辨，自我成長。」

從「心」關懷原住民生活

在輔大畢業典禮上，可以見到原住民族學生（以下簡稱原民學生）穿著自家族服替代學士服，以最神聖光榮的盛裝出席。對他們來說，身為原住民，是最驕傲的一件事。

十年前，「法路祖部落」（Faloco）——台灣首座大學「原住民族資源中心」誕生，在阿美族的族語中，法路祖是「心」的意思。身為法路祖部落頭目的教務長（時任學務長）王英洲，要讓來自不同族群、不同部落的輔大原民學生，都擁有被重視與關懷的感覺。

許多原民學生擁有不錯的資質，卻往往因為經濟因素，不得不做出中輟的決定。「為了讓他們擁有平等學習的機會，原資中心積極打造出友善尊重的氛圍。」

王英洲為原民學生爭取，無論公私立大學學費，都按比例補助減免三分之二，以減輕他們離鄉就讀大學的經濟負擔。

同時提供多元管道，讓原民學生在打工外，還有更多選擇，像是透過參與學校活動、演講等方式，換取減免住宿費用需要的學習點數。

除了經濟，城鄉差距、適應不良帶來的壓力，也是造成原民學生被迫休學的原因。

因此，輔大廣開大門，各科系都外加原住民入學名額，且比照原民同一村

◀舉重選手郭婞淳（左）以原住民身分為榮，相當感念並認同輔大原民中心頭目王英洲（右）協助原住民族學生穩定就學的理念。

莊、部落，共食、共伴、共同生活的文化，原資中心建立同樣模式，由原民學長姊擔任學伴，帶著學弟妹共學，化解課業學習障礙。

此外，更首開先例，聘請族語老師跟外語學院教師合作授課，把原住民族語納入正式學分，還設立了原住民族流行音樂學分學程，積極在校園推動並培育原民文化。

找回身為原民的使命感

在幫助原鄉孩子適應都市之外，原資中心也鼓勵都會的原民孩子，返鄉找尋、了解自身文化。

輔大負責協助媒合新竹以北六十三所大學的原民學生，回到原住民文化健康站服務，學生能藉此機會，聽長輩講述民族文化，增進對自身族群的認識。

不只在校園裡，為了拓展原民學生視野，原資中心推動菁英培育和國際交流計畫，帶原民學生出國，藉由音樂及舞蹈傳唱台灣原民文化，這些年來，已經到訪過菲律賓、印度、美國、非洲、中國、帛琉等地。

參與的學生必須先接受為期一年的訓練，除基本英語能力，還有原住民族歷史文化、傳統樂舞技藝、原住民族相關議題。

王英洲明顯感受到參與的學生，充分增加自信和光榮感，「從一開始的內向畏縮，到最

▲原住民族資源中心推動菁英培育和國際交流計畫，帶原住民學生出國，拓展他們的視野。圖為到帛琉參與南島語言復振國際論壇，前排右四為使命副校長聶達安，右五為教務長王英洲。

後能用英語驕傲說出自己族名，介紹族群文化。」

而這群原民學生，更產生對自身族群的使命與責任，積極展現影響力，如參與「南島語言復振國際論壇」，呼籲政府重新檢視對原住民族語言的承諾。

輔大也進一步接軌職涯發展，成立全國原住民族地區地方創生推動中心，結合各科系人才，讓原民學生把所學帶回地方，嘗試建立可行的商業模式，為原鄉注入新產業動力及發展，像是透過織品服裝學系技術，將傳統織布再造，製作出結合現代元素的時尚原民織物。

王英洲欣慰的說，「十年走來，

輔大原民學生的適應力提升，自信心增強，未來將能夠成就更多有意義的事。」

如今，輔大不但擁有為數眾多的原民學生，更堪稱是台灣原民學生培育的典範大學。

輔大不只能獨善其身，更以自身經驗，協助教育部、原住民族委員會推廣，至今，全台已經有一百四十三所學校跟進，陸續新設原資中心。

王英洲強調，「只有每所學校都好，台灣所有原民學生才能得到更好的環境與對待。」

在別人的需要上，善盡自我責任

一直以來，輔大對於任何弱勢學生的照顧都不遺餘力。

無論是建置完善的無障礙空間，讓身障學生能有更舒適的學習環境，以及給予經濟弱勢學生各種獎學金及工讀機會，同時更關心學生的心理問題，由導師、學生輔導中心、診所和醫院精神科通力合作，建立起三環保護措施，落實每一層面的協助。

一路走來，秉持著天主教的真善美聖，輔大師生在別人的需要上，善盡自己的責任，提供最溫暖即時的愛，更具體實踐了終結貧窮、消除飢餓、減少不平等、優質教育等聯合國SDGs永續發展目標。（文／陳培思）

種下一粒麥，長出麥穗造福社會

輔大第一個事業成功的經驗

在輔大校園、醫院裡的早晨，總是會有許多人，手捧著一粒麥咖啡，開啟美好的一天。輔大一粒麥以咖啡店的型態座落在輔大校園內，店內還有營養健康麵包、鳳梨酥禮盒、帽T、咖啡伴手禮等各式選擇，希望能透過一杯咖啡吸引顧客進來，再利用一杯咖啡的時間，將輔大的優質產品推廣出去。

展現創新能量的最佳平台

一粒麥的誕生，源自於江漢聲的靈光乍現，「輔大民生學院的產品如咖啡糕點，都這麼好吃，如果繼續研發創生，有沒有可能為這些商品打造一個通路來販售？」於是，大家開始集思廣益，在民生學院鄧之卿院長的領導之下，餐旅管理學系教授「咖啡達人」林希

▲「輔大一粒麥」不只是一間咖啡店，更是展現輔大創新研發能量的通路平台，協助創意研究成果商品化。圖為位於輔大醫院的一粒麥門市。

軒的精品咖啡於焉誕生，慢慢形成現在一粒麥的輪廓。

二〇一三年，校友姜宏亮贊助成立輔仁創新商業股份有限公司，旗下品牌一粒麥就在輔大舒德樓大廳設立首間門市；兩年後，捐給輔大經營管理，現在，已經有了三個據點。

提出打造通路的想法時，受限於傳統上認為教育事業不該以營利為目標，有部分的人產生質疑：「輔大是教育單位，為什麼要成立公司賺錢？」

對此，資源與事業發展副校長謝邦昌強調，「從產學合作的角度來看，一粒麥不只是一間咖啡店，更是展現輔大創新研發能量的通路平台。」現在的一粒麥是民生學院協助營運，推廣校內研究成果商品，並由老師擔任產品顧問，協助將更多的創意商品化。

舉例來說，食品科學系學生每年推出當屆限定口味霜淇淋的特色，已持續三十年，後來在和一粒麥合作後，跨出校園，前進華山文化創意產業園區，讓更多人都有機會品嘗輔大學生製作的創意好味道。

第一次參與經營的寶貴歷練

一粒麥的成立，可說是在摸索和嘗試中前進。

「要成立一間公司，對於過去只熟悉教育和學術的老師或學校而言，都是很陌生的一塊，」謝邦昌說，「當時在育成中心的協助下，老師們慢慢學習，了解其中牽涉到的相關法規、建立公司的結構，邊做邊學習，一粒麥才得以誕生。」而一粒麥提供的，不僅僅是一個上架、展售的機會而已，更給予了學生第一線參與經營的寶貴歷練。

除了專職經理人，一粒麥從店長到店員，開放給全校學生參與，讓學生實際經營，做中學，舉凡進貨、出貨或財務會計、盈虧，要如何走入市場、面對競爭，要如何將產品商品化、優化，都不再只是書本上的理論。

一粒麥也正努力拓展更多據點，期待藉由這個平台，發揮更多的影響力。

《聖經》中，耶穌預言自己將走上受難之路時說：「如果一粒麥子不落在地碁，仍舊是一粒。若是死了，就結出許多子粒來。」輔大一粒麥的成果，正不斷的結穗流傳。

「一粒麥的出現，無論對於學校或是師生，都帶來了正面的鼓舞，」謝邦昌對此有著深切的感受。

以往學生在校的學習過程中，對於新創往往摸不著頭緒，也會有所畏懼，透過一粒麥的成功經驗，給予能量，讓學生覺得，當自己有想法，也可成立屬於自己的一粒麥，更勇於追求創新突破，從學校時期就起步，大膽實踐創新的想法。

「希望透過一粒麥，慢慢帶起學生們的興趣，從小到大、從單點到面，逐步擴大影響力，讓新創的種子散布在輔大校園，開花結果，」謝邦昌說。

神父啤酒，產學合作典範

然而，一粒麥只是輔仁新創公司裡的一環，輔仁新創有著更大的目標——繼續發展更多子公司、分公司，不只侷限在食品或餐飲，而是將各式研究成果技術轉移且商品化。

為了永續經營與發展，輔大更進一步成立了事業處。

由事業處專責技術轉移，全面性整合產學育成、推廣教育與資金募款等方面工作，並導入外部資源，進行研究開發及人才培育，同時也藉由教學與研發成果的輸出與推展，尋求更多的資源支持，後續所獲得的技轉金，便能再持續投入研發過程。

二〇二一年正逢輔大復校六十週年，民生學院仿效修道院釀造啤酒的精神，創立「神父

◀神父啤酒有紅藜、蜂蜜兩種口味，原料皆採用在地農產食材，不僅風味絕佳也兼具健康。

啤酒」（Father's Beer），以藉此感念神父們對輔大的奉獻。

神父啤酒為全台唯一由學院創立的精釀啤酒品牌。在創新創業教育風氣盛行下，鄧之卿整合食品科學系教授謝榮峯及院內教師的專業，成立啤酒專案小組，對啤酒商品的研發、定位與行銷推廣，進行一條龍的整合與規劃。

除了創造更健康、更美味、更安全的食品外，也以社會責任為己任，利用台東原生種的紅藜以及新竹、苗栗的龍眼蜜做為啤酒釀造原料，釀出「紅藜啤酒」與「蜂蜜啤酒」兩種風味，再現台灣傳統農業的新契機。

「神父啤酒能夠開始順利生產，背後還有一則令人感動的故事，」鄧之卿說，「當初研發出啤酒後，苦無資金做為本金投入生產，也就不可能有產品提供販售。後來在一次會議中，營養科學系主任羅慧珍知道這狀況，主動跟我提及，願意拿出父親生前留給他的一百萬元，做為生產第一批神父啤酒的費用。我聽了真的又驚又喜，簡直不敢相信。」

羅慧珍表示，「神父啤酒這個品牌名稱，就像是為我爸爸取的，對我有極深的意義。我相信，在天上的父親如果知道我善用他留下的這筆錢，幫助學院推動神父啤酒的誕生，一定也會很開心。」

從此，神父啤酒在江漢聲與各單位的大力推廣下，銷售成績亮眼，首批五百箱才推出短短兩星期，銷售一空。

「神父啤酒就是一個很好的例子，」謝邦昌說，「輔大鼓勵各學院持續研發新產品，像是現在研發中的無酒精啤酒、增強肌耐力的益生菌等，勇於接受市場挑戰的洗禮，以爭取獲得市場能見度及認可。」

透過不斷的開發新品與新技術，讓市場接受，把輔大整個事業體的經營管理和銷售層面，都進一步向上提升。

結合學校和醫院，開創無限可能

輔大附設醫院的成立，更是為輔大的事業體，拼上一塊關鍵拼圖，帶來革命性轉變。

「許多事情正因為有了醫院，才能夠做到，」謝邦昌強調。

醫院涵蓋了食衣住行育樂所有生活面向，等於是一個整合平台，也是一個能把想法付諸實踐的場域，可以積極將好的研究成果實際應用。

輔大擁有十二個學院，長久以來，早已建立雄厚的人文藝術素養，只要和醫院進行跨領域的整合、學習和應用，相輔相成，將發展出無限可能性。

像是醫院制服，就由織品服裝學系所設計；醫院營養部門，則找來營養科學系參與；社會工作學系師生，也能和醫院合作參與關懷照護；和體育學系合作成立運動醫學中心；搭配外語學院，籌備國際醫療發展項目；甚至連音樂學系也可和醫院合作，發展音樂治療。

又例如智慧醫療的發展，不僅僅只需要人工智慧（ＡＩ）技術，還有更多需要涉及倫理道德的課題，因此，就必須藉由社會科學專業來輔佐處理，期望能減少第一線醫療人員可能面臨的風險。

「輔大自己就是源源不絕的研發中心，」謝邦昌強調，「正是因為輔大身為綜合大學及擁有附設醫院的雙重優勢，因而能跨界整合，發揮一加一大於二的效果。」

輔醫的成立，不但完善了學生們的學習場域，輔大事業體的價值也跟著成長，三年前（二〇一八年）包括學校和醫院整體價值約四十億元，如果不是疫情影響，現在可能攀升到九十億元。謝邦昌樂觀預期，未來三年之內，輔大所有事業體，每年將可以達到一百五十億元的規模。

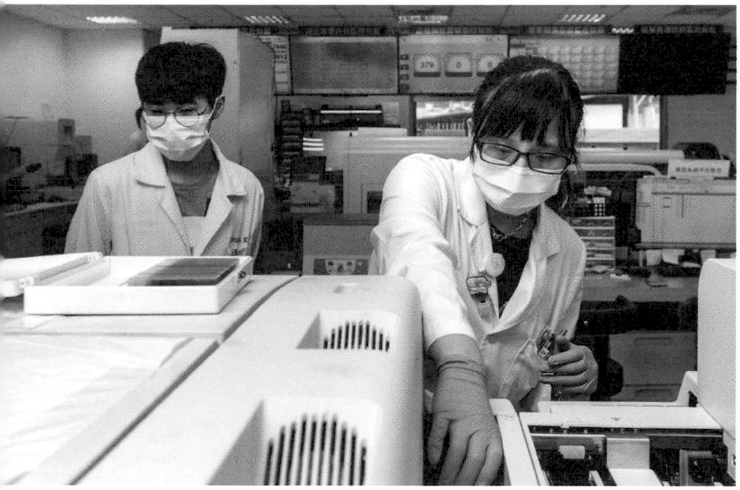

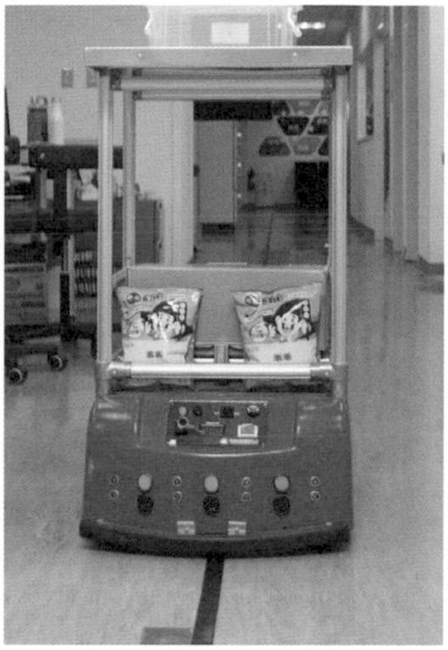

「輔大的事業體不只是要追求單點的成功，而是要鋪成全面性的網絡，」謝邦昌強調，透過各事業體彼此的整合、支持，在輔大這個平台和通路上，進行產學研究與合作，同時打造出輔大的品牌價值，提高對社會的影響力及貢獻。

江漢聲非常看好兩者相輔相成的未來，「當醫院和學校結合成一個事業體，能讓學校朝多元化發展，醫院也能往前走得更長遠。」

長出麥穗，造福社會的善舉

輔仁大學從過去天主教三單位的經營，到現

▲位於輔大醫院三樓的檢驗醫學科實驗室，主要負責全院的生化、血液、細菌等檢驗。

▶這台小車子在實驗室中被稱為機器人，會辨識地上的黑線為行進軌道，運送物品到各區。

在是每個學院獨立經營來發展，每個學院都能發揮它的特色，成為事業來回饋學校和自己的學院，使每個學院得以茁壯。

民生學院特別著重食品、營養、餐旅、兒家等各系的發展潛力，在院內設有研發中心，每年有許多成果，也會將好的成果發展成為商品，除了在一粒麥銷售之外，也可以讓社會更多人受益，進而知道輔大出品，絕對是精品。

應用美術學系老師林倩妏所領導的「創意設計中心」，開放給全校學生來學習、應用與開發現代理念的創意設計，包括AR、VR、3D列印等等，已經有相當多的成果得獎或商品化，是許多學生最愛去的地方之一。

社會科學院的食物銀行、管理學院的社會企業，都是直接把專業用在對的地方，濟貧或創生的善舉。

教育學院的體育學系，則和醫院的運動物理治療師、骨科醫師共組成輔醫「運動醫學中心」，除了和許多職業球隊合作，也是眾多慢性疼痛病人的福

▶輔大醫院運動醫學中心擁有多項專業器材，無論是體育選手或慢性疼痛病人，都可以在專業人員指導下使用設備。

音，有很多董事長級的VIP固定在做重量訓練和治療，這部分將會是未來「運動醫學專業」發展的契機。

整合健康聯盟，放眼世界

輔大的事業體，不只有學校和醫院。

二〇二一年，全台灣十三家天主教醫院，在輔大和輔大醫院的倡議下，提出「天主教健康照護聯盟」的概念，盼望促進醫院之間能有更密切的合作關係。

秉持著天主使命和目標，輔醫成為全台天主教醫院最強而有力的奧援，期望在建立溝通合作的平台後，能透過資源共享、智能遠端醫療等方式，降低成本，提升整體醫療能量與競爭力，同時也在醫學、醫事、管理、行政、教學研究等面向，進行學術、技術及實務交流。

同時，輔大也不忘放眼世界。

「台灣的醫療水準位居世界前段班，希望透過天主教健康照護聯盟，未來可推廣至全亞洲，邁向歐美，甚至能協助第三世界國家，」謝邦昌說，國際天主教大學聯盟（FIUC）內有一千多家大學，輔大是華人世界唯一的天主教大學代表，因此，希望能繼續向國際化發展，和多所天主教大學合作，進而給予國際醫療上的服務或照護，以實現天主教「醫療傳愛」的使命，展現出輔大的價值。（文／陳培思）

嘉惠萬千乳癌患者

陳致遠讓輔大醫院有靈魂

畢業於輔大經濟學系的傑出校友，誼遠控股體系董事長陳致遠不但捐助經濟學系成立「勇源國際貨幣實驗室」，更長期資助輔大棒球隊及偏鄉教育關懷中心的運作，同時協助了輔大醫院的籌建。

「無論是教育、慈善公益和文化，在社會各層面或角落，我覺得有能力就必須要回饋，輔大也是其中的一環，」陳致遠說，「在母校有需要時，就自己能力所及，提供幫助。」

推動輔醫的第一桶金

二〇一二年，「當前校長黎建球和董事會的神父羅四維來找我，提出輔大要蓋醫院時，我一聽，覺得這是一件很有意義的事，就捐了第一桶金，」陳致遠說。

▲對於誼遠控股體系董事長陳致遠來說，只要母校輔大有需要，他就會盡自己能力所及，提供回饋與幫助。

當時的新莊、蘆洲、泰山、五股剛好是個真空地帶，沒有大型醫院；新北市是陳致遠及父親祖籍所在，早在二〇〇〇年前後，他父親和他就有意在五股創辦醫院。他說，「想要在新泰五蘆地區蓋間好醫院，一直是我們不變的想法。過去沒辦成，現在剛好可以和輔大一起完成這個願望。」

二〇一三年，陳致遠和輔大共同成立「勇源輔大乳癌基金會」，擔負救助病友醫療費用、乳癌健康促進、數位教材製作等項目，為乳癌防治而努力。二〇一七年，在輔大醫院落成後，更進一步捐贈輔醫成立「勇源婦女健康中心」，希望能與基金會相輔相成，為女性健康提供更好的照顧。

陳致遠打趣的說，當年在輔大讀書時，有次丟棒球不小心打破淨心堂的玻璃，神父很寬容的沒有追究，「這些年下來，我可以說是用好幾百萬倍的捐款，賠償當時打破的玻璃了！」

連教官也驚豔的氣魄膽識

在陳致遠的印象裡，因為神父修女無私的奉獻、溫暖的關懷，輔大校風有著宗教及人文精神，學生舉手投足優雅，是所「有氣質的學校」。

但是，陳致遠可不是個乖乖牌。剛進大學的他，就

▶為了提供女性健康更好的照顧，二〇一三年，陳致遠（後排左三）與輔大共同成立「勇源輔大乳癌基金會」。二〇一七年，他捐贈輔醫成立「勇源婦女健康中心」。

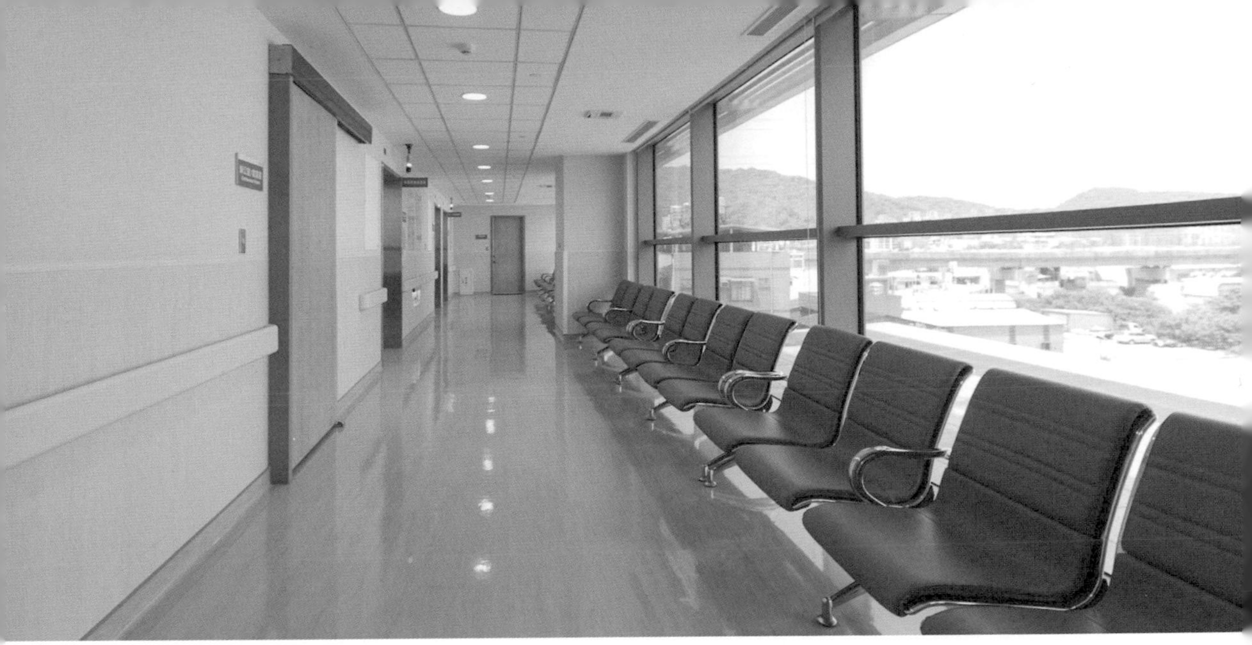

▲勇源婦女健康中心位於輔大醫院三樓，是為女性打造的專屬空間，隱密性高，希望能讓婦女安心就診。

因為髮禁問題與總教官起爭執。

在當時有髮禁的年代，陳致遠燙了頭髮，被總教官以「奇裝異服」糾正，可是對他來說，校規沒明文規定不能燙髮，總教官忍不住說，「你大一經濟學讀幾本？這麼愛辯！」

沒想到，年輕氣盛的陳致遠竟回嘴：「報告教官，那您身為海軍，打過幾場勝仗？」

氣氛瞬間緊繃，但教官壓下脾氣，直接要他去剪髮，後來陳致遠也選擇妥協，「我想，這時再不低頭，大概就直接被開除了。」

從小就是戰史迷的陳致遠，因為家族從事海運，他總纏著公司內從海空軍中高層退下來的顧問，詢問福克蘭群島的事。當時軍訓課要提交「我所知道的福克蘭戰爭」報告時，陳致遠把自己所知道的，包括各種軍力、軍艦、飛彈的部署應用影響，到英國特種部隊的立體作戰、心理作戰效果，甚至民間商船的動員，一應俱全的寫出來。這份報告不僅獲得滿分，更被轉交到總教官手上。

這份分析報告讓總教官大為驚豔，立刻找上陳致遠，詢問他有沒有意願轉陸海空軍官校，兩人此時才發現過去就曾因髮禁交鋒，讓總教官大呼，「你實在太適合進入官校，有氣魄膽識，也懂得識時務退一步，不會有膽無謀。」

雖然後來陳致遠沒進官校，但兩人也因此結交朋友，成為大學生涯中難忘有趣的回憶。

開創上億美元事業高峰

輔大畢業後，陳致遠一路往財務金融領域前進。

他先前往華爾街工作，再繼續攻讀美國紐約大學（New York University）企業管理研究所。回國後，進入家族企業，協助拓展事業。

「除了比較難拿捏和長輩之間的公私分際之外，在自家企業工作，從很多角度來說，的確是容易一點，」但在一九九八年，陳致遠選擇暫時脫離家族事業，獨自在新加坡創業。

和淡馬錫公司合作，陳致遠創立新加坡封裝廠聯合科技（UTAC），從最初的半導體測試開始，一步一腳印前進，直到成為上市公司，員工從一百二十名拓展到九千六百名，營業額更成長一百二十倍。截至二〇〇七年被國際私募股權基金收購時，這十年內的公司營業額，從七百萬美元一路攀升到八億美元。

這段挑戰的歷程、傲人的成績，成為陳致遠事業上的一個高峰，更是具代表性的一役。

享受音樂的企業家

企業界愛唱歌有名的陳致遠，從小就對音樂很有興趣，一有空便會往音樂廳跑，欣賞交響樂。

在輔大的日子，陳致遠笑稱自己是「主修體育、輔修音樂」，成天打球、彈吉他和唱歌，對音樂的喜好從來沒有消退，反而更加強烈，不但自己錄製ＣＤ，更挑戰沒唱過的歌路、聲域、腔調、唱法，還曾登上國家音樂廳演唱。

陳致遠擁有天生的絕對音感，只要聽過的歌就可以唱出來，「我覺得唱歌很有意思，非常開心，但還不到特別鑽研學習的地步。」

有次，國家交響樂團要募款，邀請陳致遠演唱，

◀二〇一二年，陳致遠（右）捐出第一桶金，協助輔大醫院的籌建。

▲企業界愛唱歌有名的陳致遠，二〇一四年曾與國家交響樂團合作，登上國家音樂廳演唱。

「能和交響樂團合作很過癮，音樂會當天剛好又是我生日，唱完後在大廳慶生，聽起來很酷，就答應了。」

只是，國家音樂廳的音響配置，主要在於真實呈現聲音本身的力量和品質，和一般流行音樂會上許多音響工程做為輔助的不太一樣，一點點走音都可能被聽出來。因此，想要站在音樂廳舞台上唱歌，可沒這麼容易。

剛開始，陳致遠沒感覺害怕，直到一個月前現場試音時，看到整場的座位，心裡開始緊張，忍不住想：「我怎麼會愚蠢的答應這件事。一個月後，台下位子坐滿，如果唱不好，也許中場後，人就會走掉一半。」

儘管正式登台表演時，音響控制人員操作出了點問題，效果不如預期，讓陳致遠感到有點可惜，「但能站上國家音樂廳舞台唱歌，和交響樂團合作，開心又過癮，終生難忘。」

這一唱，也開啟之後陳致遠陸續被邀請到各大慈善音樂會演唱的機會。

從極限運動學會管理風險

興趣廣泛的陳致遠，更是運動的強烈愛好者。

從國小的躲避球校隊開始，幾乎什麼都涉獵，玩棒球、打籃球、踢足球，運動就是陳致遠日常生活中不可或缺的一部分。

即使出社會工作後，還是經常進行高爾夫球、游泳、自行車、羽球、瑜伽、滑雪等項目；有懼高症的他，甚至還大膽挑戰垂降、高空彈跳等極限運動，陳致遠笑說，「我非常好動，甚至可以稱得上過動。」

以打高爾夫球來說，運動時間很長，從頭到尾都需要相當的專注力和細膩度，陳致遠坦言自己打得不太好，「但我很享受球場上的氛圍。」

羽球就截然不同，短時間就要運用大量體力，「和高爾夫球的思考方式完全不同，必須把技巧訓練成瞬間反應，在極短時間變換打法，」陳致遠說。

陳致遠也喜歡騎自行車登山，舉凡武嶺、觀霧、塔塔加、向陽等困難路線都挑戰過，「有時真的騎到厭世，一山再過一山，感覺看不到盡頭。這時，非常需要堅毅的力量才能撐下去。」為了騎程順利，出發前要排程練習耐力，也要讓自己能在面對現實狀況時冷靜判斷，像是對彎道的掌握、雨天下坡如何避免摔車、狹窄路段怎麼閃避砂石車和遊覽車等。

滑雪運動時也是如此。坡度小的滑雪道不見得比坡度大的雪道好滑，而滑雪道的難度高不高，跟滑雪道寬窄、最大坡度、坡度連續性、雪況、彎度、障礙物多寡等息息相關，「儘管已經滑雪了二十年，但每一次站在滑雪道起點時，還是有壓力，出發前仍會害怕，必須不斷提醒自己小心謹慎，」陳致遠說，「每一次的挑戰，都要學會管理風險。」

對陳致遠來說，享受運動最重要。「每種運動過程不但是生理挑戰，更是心智訓練，可鍛鍊毅力、冷靜度、判斷力，學習克服恐懼，」這些年的經驗，讓他深有體悟，收益良多。

跨領域能力才是成功關鍵

身為誼遠控股體系董事長、勇源基金會董事兼執行長，掌管集團旗下多項事業的陳致遠，可說是今日斜槓社會的代表性人物之一。他認為個人擁有單領域能力是不夠的，還必須具備跨領域或跨學科的技能，同時具備世界觀。因此，陳致遠特別勉勵輔大學弟妹，從學生時期開始培養閱讀和運動的習慣。

網路時代的優勢，在於可以跳躍式快速找尋訊息，是許多年輕人喜歡使用的媒介；但另一方面，卻缺少深度推演、思考判斷和反覆驗證分析知識的過程。陳致遠建議，「必須藉由大量閱讀長文，建立邏輯推演和思辨能力，以彌補網路資訊零碎的缺點。」

同時，網路也讓很多人誤以為宅在家就能接觸世界，「但很多東西仍須眼見為憑，」陳致遠以自行車運動為例，單車網站上顯示各條路線的難度指數，是依照海拔、騎程距離和坡度去分析的，但他實際騎過一輪後，反而覺得被評比為難度較低的觀霧，比難度較高的塔塔加更難騎。他提醒，「一定要走入真實生活，親身經歷，交流互動，才能真正理解世界。」

無論事業多忙碌，陳致遠每天必定抽空運動，有時邊使用跑步機邊閱讀，數十年來如一日，因為他相信，「妥善的時間管理，維持強健的身心狀態，培養多工能力，保持生活平衡，都是立足未來社會的重要關鍵。」（文／陳培思）

◀二〇二〇年，陳致遠（前排左二）參加輔大鐵馬環台活動。

他用對窮人的愛，做最好的教育

社工教父羅四維神父遺愛人間

有一種人在醫院裡必不可少，但經常被忽略；他們人數不多，卻至關緊要；他們不是醫師與護理師，無法進行醫療，但他們的工作卻如醫護人員一樣艱辛。他們面對的是弱勢患者與家屬，還有遭受身心傷害的被害者，他們在醫病之間調解衝突，甚至必須深入病人的家庭，提供從經濟到法律保護各方面的協助……這個無所不包的單位，叫做社工室。

與其他醫院社工室不同，輔大醫院社工室有專屬而獨特的名字：羅四維神父社會工作室。這是為了感念對輔大社會工作學系與輔大醫院社工室意義重大的長者：神父羅四維。

受到感召，遠渡重洋與台灣結緣

羅四維出生在美國威斯康辛州的農村，在踏上台灣之前，對這座遠在萬里之外的亞洲島

▲羅四維（前排左三）以校為家，幾乎把時間都獻給學校。圖為二〇一三年慶祝八十大壽。

嶼一無所知，從沒有想過有朝一日會搭船來此，並奉獻直到生命最終。按照他的說法，他彷彿是「被天主叫出來的」，聖神幫他打開了一扇從沒有注意過的門。

高中時，羅四維的志願是當律師，除了可賺錢，還能做點「大事」。但在高中校長協助下，他申請到羅耀拉大學（Loyola University）的獎學金，踏上了人生的轉捩點。大學時代，年輕的羅四維接觸到耶穌會教士，深深被耶穌會從事社會服務的精神感動，決心效法，自願前往海外服務，這成為他來到台灣的契機。

學習中文後，羅四維前往菲律賓進修神學，接著返回美國，在聖母大學攻讀社會學博士學位。一九七二年，他接任輔仁大學社會學系系主任，並成立「果園」（社會研究中心）。

創新教育思維，培養研究能力

回憶初入輔大的時光，羅四維曾感慨的說，因為師資不足，他肩負起系主任的重任，期間種種經歷，只能用行經高山與低谷來形容。

在教育上，羅四維有著超越傳統教育的新思維，他把培育學生思考、學習、自我解決問題的能力視為首要，一改老師總是站在講台上滔滔不絕授課，而學生單方面聽講、抄筆記的模式，引入小組討論，透過討論激盪想法。

他掛在嘴邊的口頭禪是「沒有真正的標準答案」、「你已經不是小孩子了，應該自己處

◀青年時期的羅四維，被耶穌會的社會服務精神所感動，因而自願前往海外服務，這也成為他來台的契機。

理問題」，鼓勵大家去思考、質疑，勇於嘗試，不受傳統束縛，大膽提出自己的見解。

為貧困和弱勢服務，創設社工系

羅四維的教育觀點很前瞻，他認為大學教育應該開拓學生視野，加強國際觀，他總是說「用腳也可以溝通」，所以在課堂之外，除了長期與海外大學進行合作研究，也號召學生前往柬埔寨、菲律賓等貧困地區做志願服務，以及籌劃興建小學。

羅四維認為，「服務人群是一種教育方法」、「在服務別人時，受益最多的是自己」。他相信，服務精神與教育密不可分，教育可以訓練年輕人意識到其他人的需要，這正是社會的基礎。

「教宗方濟各要求我們去看身邊那些弱小的人，但是他們在哪裡？

▶羅四維（後排左五）擁有超越傳統教育的新思維，「沒有真正的標準答案」是他的口頭禪，鼓勵學生們思考、質疑，勇於嘗試。

不僅只在貧民窟，他們也在學校裡，而學校擁有改變一切的力量，」羅四維深深感覺到社會工作的重要性。後來，他將原本隸屬於社會學系底下的社會工作組獨立出來，於一九八一年成立了輔大社會工作學系。輔大社工系的出現，可以說是社會工作、社會教育的開路先鋒。

教育是愛與鼓勵

羅四維對教育懷抱著深摯的熱誠。他曾說：「教育的英文 education 起源於拉丁語的 educare，意思是 lead out，發掘與引導。教育不是把大量知識灌輸到學生的腦子裡，而是幫學生把他所擁有的『拉出來』。做為老師，我們要能引導學生，更要知道該如何栽培學生。」

羅四維總是不問收穫的埋首苦幹，曾經有人問他，真的能改變什麼嗎？他說：「我們好好經營學校、好好培養老師，做好教育系統。慢慢的，一年一年過去，我們就會知道，學生畢業後之所以走這條奉獻的路，是因為當初我們鼓勵了他。」

社會科學院國際夥伴學習推展中心主任顧美俐，提起當年共事的情景時表示，羅四維不僅培育學生，也鼓勵系上老師。「他不是會催促你、要求你必須做什麼事情的人，但他會鼓勵你、支持你去做各種嘗試和努力。他不強硬要求老師們去進修、要升等、帶領學生做研究，但是跟他在一起，看著他工作的精神與態度，我們自然而然覺得應該要去做這些事，」羅四維堅持每週固定與專任教師聚會，一起研究新的教學方法。

顧美俐懷念的說：「每次開會的時候，羅四維總是處處提起學生。他希望能帶給學生更好的教育、更多的知識。他還邀請了美國聖路易大學（Saint Louis University）社會工作學院的教授史密斯（Joan Smith）來擔任客座教授，為我們這些老師做在職進修。羅四維總是鼓勵大家，只要是為學生好的事，什麼新方法都應該去嘗試看看。」

不求回報，默默守護

在學生的記憶裡，羅四維是外表嚴肅，且在課堂發表評論時態度直接、不留絲毫情面的嚴格長者，真正認識之後，會感覺到他嚴峻外表底下藏著溫暖真誠的心。

他記得每個教過學生的名字，關切生活點滴，碰到經濟上有困難的學生，他會想方設法籌款，協助學生度過難關，卻從不要求償還與回報。他曾告訴學生：「等你有能力還錢的時候，把那些錢拿去幫助其他更需要的人，就是對我最好的回報。」

羅四維把所有時間都獻給學校與學生，以校為家，數十年如一日，早上七點半進辦公室，忙到深夜十點半、十一點才離開。「……夜深的時候，學生回家了、老師也都下班了，他的辦公室燈光仍然亮著，他仍然在工作。」顧美俐說，每當看到羅四維辦公室的燈光，總有一種令人安心的感覺，他就像是父親般的存在，給予每個人心安與支持的力量。

為教育竭盡所能

晚年的羅四維雖然退休，但很快又回到社工系繼續任教。他彷彿不知道休息為何物，一直在為學生和教育竭盡所能。

一九九七年，六十四歲的羅四維受邀到廣州中山大學，開辦了跨文化專題研究課程，帶入輔大自由討論的教學方式，不斷提醒學生尊重不同的文化差異，學習交流的真正意義：不在於說服其他人有相同的想法，而是學習傾聽、努力理解。

延續著理解不同文化、建立國際觀的教育方式，他帶領中山大學的學生前往海外擔任志工，並促成輔大社會學系、社工系和中山大學師生的長期交流，活動擴展了年輕人的視野和生命，也燃起了他們服務人群的熱情。有人畢業後，自願前往農村擔任教師，傳播知識，帶給更多年輕孩子希望。

談起羅四維的課程，中山大學翻譯學院前院長黃國文曾感嘆說：「羅四維所做的，我們做不了，而且我們也不知道該怎麼做。」

羅四維在廣州中山大學的課程持續了二十年，直到二〇一七年，因為身體情況愈來愈差，不得不停止，沒過多久便被檢查出罹患肝癌末期，病逝台灣，享年八十三歲。

投身輔醫募款活動，籌辦社工室

晚年的羅四維還協助成立輔大附設醫院，他認為弱勢家庭在醫療資源的取得很不容易，在得知籌建醫院的消息後，便傾力於籌募善款的工作，曾多次陪同校長前往海外募款，並著手籌辦輔大醫院社工室。直至病重，仍然關切募款的進度與籌備的狀況。

▶從二〇〇四年起，羅四維（右）都會帶領師生到柬埔寨進行國際交流與學習。

二〇一七年七月，羅四維病逝。九月，輔大附設醫院成立。雖然他生前沒能親眼看見輔大醫院正式營運，然而醫院甫一成立，他與社會學系、社工系師生們一起籌備的社工室便開始運作。

輔大醫院社工室的存在，不僅是醫院單位，更是社會學系與社工系師生從學術到實務的橋梁。感念他長年為教育的付出，推動社會工作的貢獻，在校友、師生的提議與推動下，輔大醫院將社工室冠以羅四維神父之名，期望大家記住他犧牲奉獻的精神。他曾說過：「當病人在親友的關心和陪伴下來到這裡，我們這個醫療大家庭的使命，就是竭盡所能，滿足

耶穌會 羅四維神父
1933 - 2017
當病人在親友關心和擔心的陪伴下來到這裡，我們這個醫療大家庭的使命就是竭盡所能，滿足他與受苦親人的需求。
羅四維神父
社會工作室

▲為了感念羅四維，特別將輔大醫院社工室命名為「羅四維神父社會工作室」。

他與受苦親人的需求。」

薪火不絕，大愛傳承

羅四維生前被譽為「台灣社工之父」、「台灣社工導師」，對於榮譽的稱號，他總是加以否認。他認為自己並非只是一個單純的社會學學者。然而，他一生言行卻表現出無私大愛的精神。

秉持羅四維的教育理念，社會學系與社工系的畢業校友們自發成立了「台灣羅四維夥伴學習促進協會」，繼續推動海外志工服務，協助學生進行跨校和海外的交流活動之外，同時支持輔大醫院社工室的相關訓練經費。協會的成員認為，持續實踐羅四維的教育理念，是能夠回饋給他的最好禮物。

羅四維生前那盞燈，總是在夜深時分照亮黑暗，給予社會學系、社工系師生們支持、依靠，並且沒有因為他的死亡而熄滅。或許這正是《聖經》中「如果一粒麥子不落在地碁，仍舊是一粒。若是死了，就結出許多子粒來」的明證。（文／陳名珉）

—第四部—

跨域創新，眞正精采

懷抱宏遠的願景與使命，
輔大於十年間脫胎換骨、飛躍成長，
在社科人文與專業科技的跨域中，
走出一條黃金璀璨的真理之路。

眞

接軌國際學術，在全球大放異采

輔大競爭力的大躍進

二〇二一年，最具權威的英國《泰晤士高等教育》全球最佳大學排名，如期出爐，內容卻很不一樣。以台灣的綜合大學來說，往常在台灣排名多居二十名後的私立天主教輔仁大學，今年卻以黑馬之姿，躍進到全台前段班第十三名，甚至超越中央大學、政治大學等知名國立大學。

朝全台最佳私立大學邁進

對於大學來說，排名問題非常敏感，各校都很關切。被問到這個犀利的問題，學術副校長袁正泰謙虛表示：「我們不敢說輔大是最好的私立大學，但我們的目標，是成為全台最好的私立綜合大學。」

▲近年來，輔大儼然已成為專業與人文並重發展的國際化天主教大學，在世界大學的排名更是大躍進。圖為國璽樓一樓大廳。

袁正泰指出，加上成立三年多的輔大附設醫院，從學科系、教師與學生規模來看，輔大可說是一所最全面的大型綜合大學。

輔大最近在許多世界大學排名中大放異采，包括：

- 二〇二〇年英國《金融時報》（*Financial Times*）全球管理碩士排行榜，輔大管理學院的三邊雙聯國際創業管理碩士學程，全球第十九名。
- 二〇二〇年《泰晤士高等教育》世界大學排名，居亞洲大學前二五〇大，全台並列第十二名。

▶輔大的論文品質與成果，備受國際肯定，研究特色多元，展現在健康醫療、生物研究、人文等領域。

- 二〇二一年《泰晤士高等教育》世界大學影響力排名在前四〇〇～六〇〇名；新興經濟體大學排名第一二九名。
- 二〇二一年「QS亞洲大學排名」（QS Asian University Rankings），全台第十七名。

除了絕對成績好，輔大也成長快速，多項評比不斷進步。以二〇二一年《泰晤士高等教育》世界大學排名為例，輔大在第八三八名；在百分比的表現上，更是從二〇一六年的前九十一％，一路穩定上升到二〇二一年的前五十四％。

值得注意的是，排名在輔大前面的私校，是醫學類大學。世界大學的評選，主要看教師的學術力展現，譬如論文發表數、國際力、產學計畫金額，因此，以研究為導向的醫學類大學，容易拿到好表現。

在這樣的條件下，輔大能夠贏得二〇二一年《泰晤士高等教育》世界大學排名「全台私校第四名」，非常不容易。「輔大太多元了，排名比較吃虧，」袁正泰不諱言。輔大是綜合大學，有文學、社會科學、體育等系所，不容易像以科技類、醫學類科系為主的大學，在研究成果上比較有明顯表現。

論文品質聞名國際

輔大在二〇二一年《泰晤士高等教育》世界大學排名上，還有一個亮點：論文品質全台第七名。在公私立強校環伺下，輔大這種表現，靠的就是硬功夫了。

為了鼓勵研究，輔大設有「國際學術期刊論文發表暨研討會獎補助」機制，定期審查、盤點教師與研究生的計畫。袁正泰指出，依照論文發表的期刊等級，獎補助金額不同，如果是一線的國際期刊，例如《自然》（*Nature*）、《科學期刊》（*Science*），可高達幾十萬元，而一般期刊也有機會補助五、六萬元。

輔大的研究特色，大量展現在健康醫療、生物／化學／藥學研究、社會資訊安全管理、人文／宗教／地景及現代外國語文等領域。舉例來說，宗教哲學類論文連續兩年排名全球大學前百大（五〇到一〇〇名），可說是台灣唯一；現代語文學類，全球三〇一到三二〇名，全台第八名；生物醫學類，全球五〇一到五五〇名，全台並列第九。整體來看，表現優於許多國立大學。

那麼，輔大有哪些精采的論文？

袁正泰翻出資料舉了一個例子：資訊管理學系副教授廖建翔的〈Building social computing system in big data: From the perspective of social network analysis〉，談的是改良傳統社會網絡分析演算法，並發展一套適用於巨量資料下的社會運算系統。文章發表在《Computers in Human Behavior》，是「社會科學引文索引資料庫」（SSCI）排名前十%的期刊。

又如：數學系副教授嚴健彰的〈Self-gravitational Force Calculation of High-order Accuracy for Infinitesimally Thin Gaseous Disks〉，探討在星體的重力與氣體盤自重力的物理機制作用下，藉由理論與數值模擬來驗證，是研究星系動態演化可行的方法探討。文章發表在《Astrophysical Journal Supplement Series》，是「科學引文索引資料庫」（SCI）排名前十%的期刊。

與國際接軌的管理學院

輔大的管理學院，在世界大學排名中也很突出。目前管理學院提供二十二個學位學程，其中最出色的，就是「三邊雙聯國際創業管理碩士學程」。

這是由輔大、西班牙拉孟大學（Universitat Ramon Llull）管理學院及美國舊金山大學（University of San Francisco）所合辦，採一年三學期制，第一學期在拉孟大學就讀、第二學期到輔仁大學，第三學期則在舊金山大學。各國學生經過一年密集課程後，將獲得由舊金山大學頒發、歐亞美三校共同認證的碩士學位。

「學生群中，有一半是西方人、一半是亞洲人，以全英文上課，非常國際化，」袁正泰說明這個學程的特色。

二〇二〇年，英國《金融時報》公布全球管理碩士排行榜，三邊雙聯國際創業管理碩士學程榮獲全球第十九名；單一評比上，更在國際課程體驗指標，連續多年高居全球管理學碩士第一名；職涯發展方面，則是全球第二名。

根據輔大二〇二〇年的調查，這個碩士學程的畢業生，進入社會後三年的平均薪資大約五萬八千六百美元（約新台幣一百六十三萬元），比剛畢業時薪資漲了近八成，而且具備全球移動力，發展潛力很大。

領先全台，全球認證

這樣的好成績，奠基於長年的努力。

早在二〇〇五年，輔大領先全台，成為第一所取得最具國際公信力「國際商管學院促進協會」（AACSB）認證的大學；二〇二〇年，輔大管理學院第三度獲得認證。

「AACSB 的排名是個里程碑，讓輔大管院像搭了快車往前走，在國際化、資源創新等方面有長足的進展，」袁正泰說明這個認證的重要性。

AACSB重視「創新、影響力和參與」，而最新的認證標準，對全球商管教育機構提出五個願景，包括：終身學習者、知識共同創造者、創新活化推動者、優質領導引領者及全球繁榮促進者。

這些名詞聽起來有點抽象，落實下來，就可以看見優異的表現：創新方面，輔大成立「B Academy Fu Jen」，開設一年期的企業社會責任與共益企業（B Corp）課程；影響力方面，訪評委員的評論表示，輔大在社會參與的各項活動表現亮眼，與大學的歷史及使命一致；參與方面，社會企業碩士學位學程學生搭配課程，進行國際社會企業參與活動，每年足跡遍及蒙古、印度、印尼等十多個國家。

跨界領域的新願景

輔大在世界大學排名大躍進，與近年來調整發展方向，有絕對關係，輔大已蛻變為專業發展與人文關懷並重的國際化天主教大學，成果受到國際肯定。

袁正泰表示，輔大長年耕耘健康醫療、創意設計及人文關懷三大方向，結合附設醫院的啟用與在地連結，除了發揮學術專業回饋社會、形塑倡議角色影響議題外，同時兼顧教學與研究，績效卓越，長期獲得教育部及科技部肯定。近兩年來，輔大在高等教育深耕計畫所

▲輔大的管理學院，在世界大學排名中很突出。其中最出色的學程，就是聯合美國及西班牙兩地學校共辦「三邊雙聯國際創業管理碩士學程」。

獲得的獎勵補助經費，逆勢成長達一．五億元，而今年教育部私校獎補助款獲得一．五六億元，均創歷史新高；科技部計畫金額更達一．八二億元；管理學院與織品服裝學院也首次獲得二〇二〇學生雙語學習計畫共一千一百萬元。

難能可貴的是，輔大的發展不單針對研發，是多面向而寬廣的，也因此能在「世界大學影響力排名」等類項，摘下閃亮之星。

影響力排名，重視的是大學的社會責任表現。這一點，輔大充滿信心。

重視全人教育

長年以來，輔大在天主教信仰引領下，投入社會關懷、服務學習議題，累積龐大能量；另，它與全球天主教大學快速連結，能取得台灣其他一般大學無法取得的豐沛資源。袁正泰點出輔大的「祕密武器」：以基督博愛的精神，成為具有社會影響力的大學。

「除了專注於學生的專業學養培育之外，輔大在通識、全人、博雅教育上，格外用心與投入，」袁正泰表示，輔大很重視學生品格、樂於服務他人、團隊合作等教育目標，這些乍聽之下很老派，卻是永恆不變的人才特質。

「我們是一所感覺非常親切的學校，有人的味道，」袁正泰懇切的說，學生的首要任務或許是學習專業，但踏入社會之後，看的是做人處事的態

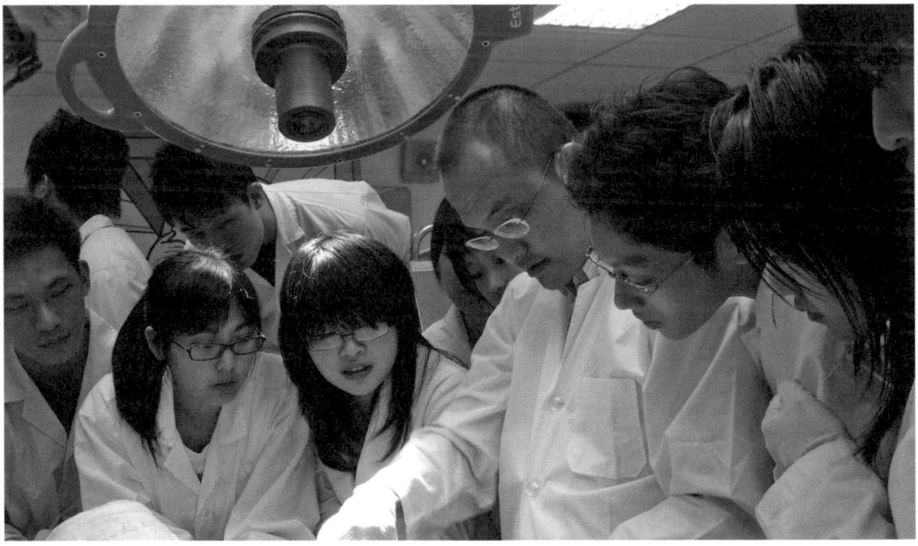

▲輔大結合醫學系和附設醫院的資源，長年耕耘健康醫療領域。圖為醫學系的大體解剖課程。

◀輔大長期投入社會關懷、服務學習等議題，善盡社會責任，期望發揮影響力。圖為到屏東縣牡丹鄉進行社區服務。

度。在學校自己的統計中，他發現，輔大校友的起薪或許沒特別高，但五年、十年後，他們的收入比平均薪資水準還高，這讓他更堅信人格教育的重要。

跨域的新願景

展望未來，面臨少子化與環境激烈變動，台灣高等教育走到關鍵轉折點，而輔大已經描繪出新願景。在兼顧研究與教學的前提下，鼓勵跨領域的研究，這讓擁有十二個學院加上一所附設醫院的輔大，站在有利的進階位置。

「以後，甚至可能讓三位老師同教一門課，彼此進行跨領域的學習，接下來就研究合作，」袁正泰透露輔大構思中的學術研究圖像，讓人們對高等教育的未來有了新的想像。（文／彭漣漪）

永不放棄，跨域創業

蔡和順活出輔大人典範

「大學時，我被校園中來自歐美的傳教士、神父感動，當時台灣環境很落後，遠不如歐美，他們把人生最好的時光都奉獻給了學生和學校，而且還不後悔自己的決定，我覺得很困惑，心想：人往高處爬，水往低處流，是什麼力量促使他們放棄了安逸舒適的生活？」

回憶起大學時影響自己最深的事，一九七二年從輔大企業管理學系畢業的蔡和順，毫不猶豫的提起了當年在校園裡接觸到的師長與神父。

「傳教士與神父們心懷奉獻，促使他們放棄了眼前的享受，選擇去做他覺得更重要的事，我意識到，人與人之間最大的差別不在於外表的不同，而是心胸和視野。心胸視野的不同，決定了不一樣的人生。」

◀學習國標舞，是蔡和順的夢想。事業有成之後，他發揮過人的毅力，每天不間斷練習，二〇一二年更榮獲美國最大國標舞公開賽冠軍。圖為蔡和順夫妻倆共舞。

蔡和順生於果農人家，窮是普遍的情況，他感慨萬千的說：「我父母一輩子勞苦於果園工作，心心念念的，不外乎是多賺一點錢，三餐吃飽都不容易，誰還顧得了心胸、視野、夢想。在進入輔大以前，我對於人生的目標和想法也是如此，直到進入輔大後，接觸到師長與神父，才發現人生原來有各種不同的活法，工作不僅是為了吃飯，還要有夢想，為了夢想，要有勇氣去做各種嘗試。」

從輔大企管系畢業後，他在當時台灣最大的成衣代理商林麥公司中，謀到一份穩定的工作，負責男裝部門。林麥的待遇優厚，倘若換成旁人，也許會滿足於現狀，但是蔡和順卻在安定中生出不同的想法。

單程機票隻身赴美，勇闖創業之路

「我想要出去闖一闖，往前走的時候，才有可能更好，我出身貧困，目睹故鄉親朋的狀況，心裡明白最壞

▶蔡和順不但全力支持輔大醫院的成立，更捐贈了心血管中心，造福無數患者。

不過如此，那麼往前走，總會比較好，」蔡和順說：「我始終相信盛極而衰、否極泰來。人生是一個又一個的循環。富裕之後就是安逸，安逸之後就是衰敗。如果我留在原本的公司發展，或許也會做得不錯，但我就安逸停滯了。」

他靠著工作的積存，買了到紐約的單程機票，口袋就只剩兩百美元，義無反顧的辭職離開台灣，飛往紐約。

「那是衝勁、計畫和決心，不是莽撞，」蔡和順述說原因，「我在林麥工作時，發現歐洲、美國的成衣製造商們，如果想採購商品，必須大老遠飛到台灣來看樣品談報價，耗時費日。這讓我嗅到了一絲商機，我想，如果我能去紐約就近為這些大客戶們服務，縮減往返的成本，豈不是大有可為嗎？我看見了機會，就放手去做。」

祕訣全靠用心與堅持

到了紐約，他舉目無親，異鄉扎根，只能靠自己，「最困難的永遠是語言適應和處處碰壁的問題，」回憶當年，蔡和順不由得感慨，「外國人想闖入當地的成衣產業，非常困難。做生意只能靠兩件事：打電話開發客戶和拜訪介紹。我每天都在想辦法爭取與廠商見面介紹自己，這些廠商每天會接到一、兩百通類似的電話，怎麼會注意到來自台灣的無名小卒。但我能就這樣放棄了嗎？不能放棄，要把握每一絲可能的機會。」

他為每通電話、每次見面反覆演練。「我在事前給自己擬定無數問題，針對每一個問題，擬定完整的答案，只要客戶提問，我就能展示專業，讓他們對我產生印象。做好一件事情沒有其他的祕訣，就是處處用心，堅持、不放棄。每一步都踏踏實實，這是我覺得自己之所以能成就一點事情的原因。」

獨特的「成衣客製化」搶占商機

當初創業，蔡和順的對手都是資深的傳統成衣製造商，想要搶占一席之地，必須做得比同業更好，甚至努力做到一定程度的客製化，創造特色。

成衣要如何做到客製化？蔡和順談起一段往事。「美國的成衣有一部分市場是替公司行號製作制服。由於很競爭，須現貨供給，當時傳統成衣製造商衣服尺碼大概只賣銷路最多的M、L、XL，但是我觀察發現，美國的人種多元，男女體態差異很大，有的人太纖瘦，穿M號嫌太大，也有動輒一、兩百公斤，體態豐腴的人，XL或XXL對他們來說又嫌太小。」

「體態不同的人，大約占五%，多數的成衣廠商並不在意，但我認為在這看似不重要的五%，也許卻是關鍵的五%，」蔡和順決定拓展成衣尺碼，意外打出一條路，「我建立了S、

XS，還為體態壯碩的人建立2XL到6XL，公司行號找我製作制服，身材特殊的員工也都能在我這裡找到他們的尺碼，」蔡和順的「量身訂製」吸引了許多公司行號與他合作，讓他成功拿下訂單，打開市場。貼心縝密的思考「以客為尊」，往成功邁進一大步。

持續不懈，把每件事情做到最好

不僅如此，蔡和順還有著過人的毅力。他說：「當初創業時，為了生意奔波，忙得不可開交。有次我經過紐約的舞蹈教室，看見教室裡有人在跳國標舞，舞者舞姿翩翩，姿態優雅。我在外頭看著，心生羨慕：有一天，我一定要學會國標舞。」

事業上軌道之後，蔡和順決心實現當年的夢想——學習國標舞。他學舞的時候，人過中年，又沒有舞蹈根基，一切從頭開始。他並不以此寬容自

◀在輔醫心血管中心的揭碑儀式上，蔡和順（左二）用自己的座右銘勉勵大家：永不放棄，活出精采。左三為輔醫院長王水深，右一為副院長江福田，右二為神父柏殿宏。

己，或者找藉口放棄。他說：「我覺得做一件事情就要做到極致、做到最好，這是我的心態。我找舞蹈老師安排課程，風雨無阻，每天除了工作，必須抽出時間練習三個小時，請世界名師個別專業指導，二十年如一日，沒有停止過。」

二〇一二年，蔡和順報名參加了美國最大的國標舞公開賽（Us Open Ballroom Championship），奪得師生配對賽男子組冠軍。在美國競賽的好手如林，大都是白人參賽者，來自台灣的「輔大人」能在最大的國標舞比賽中脫穎而出，心中充滿自我的肯定、滿足和身為「輔大人」的驕傲。

「我剛進大學時，根本不會跳舞。迎新舞會上，手足無措，站在角落。誰能想得到，那個鄉下來的孩子有一天拿到美國國標舞公開賽的獎項？我一直相信，做人做事的態度只有一個：永不放棄，堅持到底，任何事情都可能會發生。」

從兩百美元到自創品牌

一九七五年，中東地區爆發黎巴嫩內戰，這場戰爭幾乎讓所有人視當地為畏途，但蔡和順卻看見了中東外銷市場的需求，反其道而行之，親自飛往當地，順利打開市場。一九七八年，他又開拓中南美市場，穩固事業的基礎，讓夢想的追求永不止步。

一九八〇年左右，考慮到美國的住宅需求，蔡和順開始投資房地產開發，起於公寓和

◀身為傑出校友的蔡和順（右），每年都會返回母校輔大，與學弟妹們互動。

集合住宅的領域，之後跨足旅館行業，經營洛杉磯兩家假日旅館（Holiday Inn）。

一九九三年，蔡和順獨資在洛杉磯自創品牌 Tri-mountain 成衣公司，從事成衣生產，銷售遍及全美。他堅持品質至上，重視企業社會責任與永續發展，不斷研發環保的相關產品，深受顧客信賴。

四十年間，從手握兩百美元，心懷夢想，隻身闖美，到事業有成，近十年來居於美國成衣界翹楚之位，蔡和順看似風光的背後，是一點一滴辛勤努力的累積。

許多人詢問成功的祕訣，他給出的答覆非常樸實、真誠。「我一直覺得，不管是做生意或做人，要想成功，都有幾個共通的要點。第一是眼光，能看清楚該怎麼做，有沒有遠景。第二是策略，制定一套確切可行的攻城略地方法。第三是執行力，就是在看好目標、定好策略之後，要不

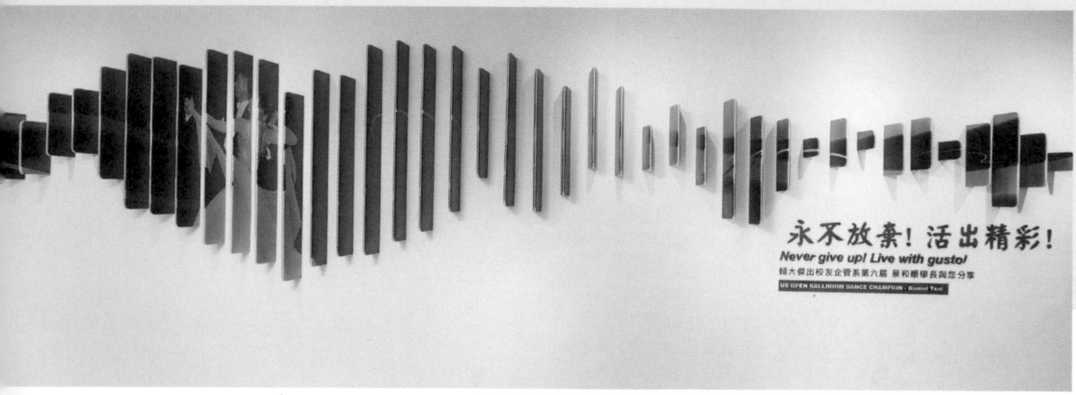

▲位於輔大醫院二樓的「律動人生」裝置藝術，以心臟律動為造型，上面有蔡和順夫妻跳舞的身影。蔡和順希望勉勵病友，就算面臨挫折也要懷著不放棄的信念。

畏艱難，一路堅持到底去完成這件事。我不否認運氣這種事情也很重要，但是如果眼光不好、策略不好、執行力不佳，做人做事全靠運氣，那就是買樂透，想要做成點什麼事是不可能的。」

喝人一口水，還人一口井

事業成功後，回首往昔，蔡和順生出感恩之心。「到我這個年紀，漸漸感覺到，一個人的成功不僅是個人的努力。人要知道感恩，有能力要懂得回饋。」

創業之路，他最深的感觸是「良才難得」，培育人才是當務之急。趁著江漢聲訪美的機會，蔡和順表達設立獎助學金的意願，成立永續基金，每年孳息四％，提供輔大學生申請。

「在我看來，穩定發展的企業一定要有很好的CEO、懂得領導統御的人，才能把整個企業帶往好的方向。輔大的商學院、織品服裝學系都與我的工作項目相關，我希望盡綿薄之力，給學弟妹一點幫助。」

身為傑出校友，蔡和順每年都會返回母校，與學弟妹懇談，給予他們實際意見。「如果有人能夠因為與我談話，得到幫助或領悟，那是我最高興的事。因為在我創業的過程中，如果有前輩能給予指點，不知道該有多好。現在我有這方面的能力，很願意回饋母校。」

不僅回饋學校，當蔡和順聽說輔大要成立醫院的消息，立刻鼎力支持。他說：「我七歲時，父親早逝，很能體會一個家庭支柱驟喪的感覺是什麼。輔大醫院的成立，能幫助更多有需要的家庭，是非常有意義的事，所以我極力支持，」再者，因為曾罹患先天性心臟病，動過心臟繞道手術，所以他也捐贈了心血管中心，讓輔大醫院心臟科可以二十四小時施作心導管手術，即時搶救心臟病患，造福無數患者。

在心血管中心的揭碑儀式上，蔡和順提出自己的座右銘：永不放棄，活出精采。他說：「人生在世，總會經歷各種各樣的挫折，大大小小的煩惱。輕言放棄，豈不是與死無異？生命只能活一次，我們要努力活得精采、活得有滋有味，絕不白來世間活此一世。」（文／陳名珉）

COVID-19的義勇軍

輔大醫院二〇二〇到二〇二一的防疫大作戰

輔醫邁入第四年，除了把優質醫療深入在地，更在新冠肺炎升溫期間感染程度最嚴重的新北市地區，成為新莊、泰山、五股、三重和蘆洲一帶最重要的防疫守護者。

疫情期間，輔醫更在救治弱勢移工上，展現「仁慈的撒馬利亞人」的精神。

二〇二〇年四月，輔醫收治一名非裔塞內加爾病人艾寶，他高燒不退，有呼吸道症狀，院方一度擔心是感染新冠肺炎，最後確診為肺結核。

即使在醫療資源緊繃之際，輔醫並不因為他的身分、國籍而拒絕治療。由於艾寶當初是以旅遊名義來台打工，沒有健保，歷經五個多月的重症急救與感染治療、兩度病危，積欠五百多萬元醫藥費，無力負擔，因此，輔醫立刻伸出援手，主動協助募款。歷經一百七十多天的奮戰與努力，艾寶終於康復出院，他滿懷感激的感嘆，「台灣人無私的捐款協助，以及

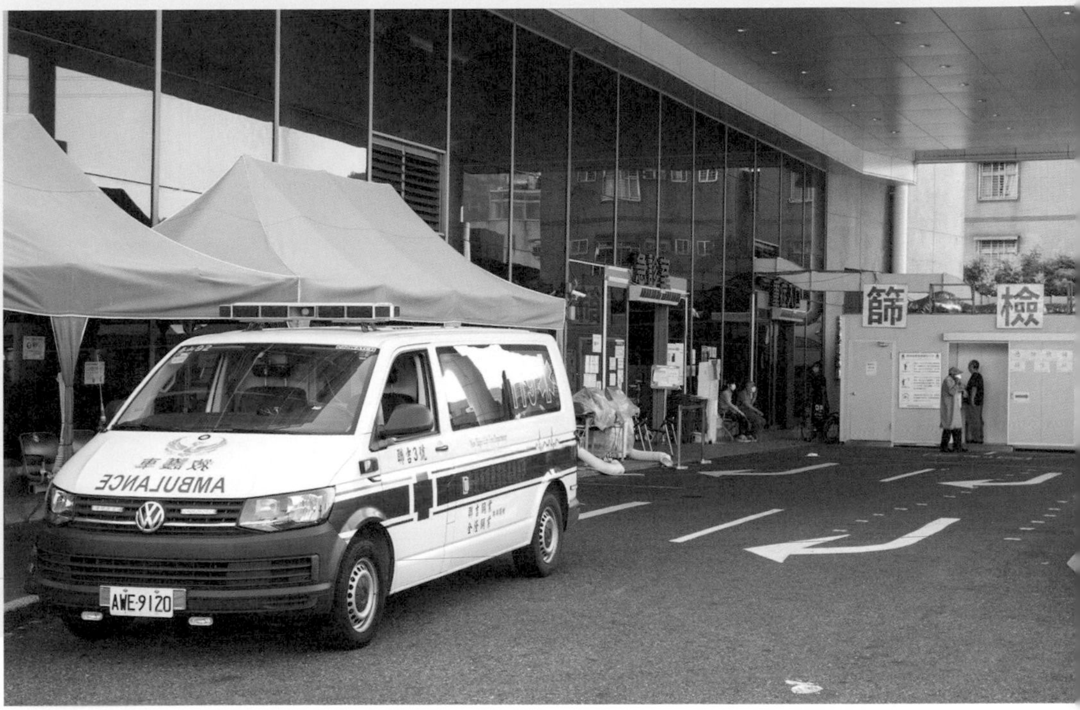

▲面對新冠肺炎疫情，輔大醫院除了積極配合中央和新北市所有防疫工作，更隨時做好準備，可說是新莊、泰山一帶最重要的防疫守護者。

醫療人員的用心，就是最美好的風景。」

首創智慧防疫病房

面對新冠肺炎肆虐，全世界醫院都面臨負壓隔離病房及加護病房（ICU）飽和的狀況。二〇二〇年，輔大醫院便超前部署，投入一億多元，研發出智慧防疫病房MAC病房。

輔大醫院在草創維艱時期，

財務上捉襟見肘，許多醫院的長官顧問都將收支平衡列為首要目標，但是江漢聲認為，輔醫的願景就是要做別人沒做的創新或研究，開風氣之先，「江清泉所提的創新發展室，在美國大醫院已蔚成風氣，也是我們應該要做的事。在不擠壓醫院的預算下，我去找一位知心好友——高端疫苗總經理陳燦堅，他二話不說，砸了五百萬元做為創新發展室的第一年開辦費，讓我們能研發出可轉換的MAC病房。」

有別於傳統一體成形的病房，MAC病房具有三個特性：模組化（Modular）、可適時調整（Adaptable）、可功能轉換（Convertible），能夠像樂高一樣拆解病房，其中的零件尺寸則以方便飛機、電梯等空間運輸為考量，可以隨不同醫療需求，移動到停車場、體育場等任何地點組裝，二十四小時內就能快速搭建完成。更重要的，還配備遠距離監控、獨立空調與消毒的功能，可把一般病房轉換成負壓隔離病房、加護病房。

在台灣面對新冠肺炎的作戰中，輔大醫院群策群力，為疫情嚴重區的新北市提供更多醫療資源，可轉換的MAC病房也在此時發揮作用。江漢聲表示，「本來只想研發高齡親善病房，後來疫情暴發，我們臨時轉換方向，而MAC病房的功能就在此時被突顯，輔大醫院整層病房都能收治確診病人，可針對輕重症患者進行最佳挪移。」

他繼續說明，「新冠肺炎輕症病人猝死的原因中，以緊急發作、呼吸衰竭為最多，所以，若讓輕症病人住在隔離病房，可根據狀況即時因應，像是轉重症照護或加護病房，進

▲ MAC 病房可說是病房的革命。除了可做為一般病房、加護病房外，也能轉換成隔離病房，甚至是負壓隔離病房。

而能降低新冠肺炎病人的死亡率。另外，MAC加護病房擁有最精確的智慧型看板，可監控病人各種生命跡象，目前在疫情中也挽回四十名以上因呼吸衰竭而進行氣管插管的病患生命。我也非常感激江清泉和陳燦堅的高瞻遠矚。這些都說明當初建制創新發展室的必要性，如此能隨時轉換的創意和即時性產品，是別家醫院做不出來的。」

未來的醫療設備主流

「MAC病房的構想，主要來自於過去SARS的經驗，」資源與事業發展副校長謝邦昌補充，「面對突如其來的疫情，大家往往都會慌了手腳，對於醫療量能更是嚴峻的考驗，如果能夠順利根據需求轉換或挪出足夠的病房，就可以更有效快速的救治病人。」

嶄新的概念，讓MAC病房不僅得到台灣設計學院創新獎、金點設計獎、第十八屆國家新創獎之外，更獲得全球重要指標設計大獎二〇二一年德國iF設計大獎（iF Design Award）的肯定。

MAC病房更搭載了永續概念，採用大量可回收再利用的材料，能重複拆解使用，不但具長久實用性，在建置MAC病房時，也比臨時設立方艙或一般病房更加實惠，「無論防疫期間或日常，都可以使用MAC病房，從時間、經費、效率來看，都非常具競爭力，」謝邦昌有信心的說，「省錢省時省力又環保，未來可以預期MAC病房將成為主流。」

目前，陸續有醫院提出設置MAC病房的意願，像是桃園的聖保祿醫院即將新增的五百張病床，已經著手評估，全數採用MAC病房，而清大的智慧防疫病房、陸軍醫院等，也同樣對MAC病房表達出高度興趣。

謝邦昌粗估，台灣市場近兩、三年，約有兩千床MAC病房的需求，「我們的目標是全球市場，希望連結數千家天主教醫院，透過MAC病房，和全球各地疫情嚴重的地區共同搶救生命，傳揚同舟共濟的福音。」

輔大已與姊妹校美國賓州天普大學（Temple University）簽訂MAC病房的合作意向書，包括病房設備、人員培訓等，將導入應用美國醫療系統，以期達到「快速布局、防疫救急」

的目標。

ＭＡＣ病房的思維，不只能應用在病床上，例如現在檢疫所的快篩站，就導入ＭＡＣ概念，讓ＭＡＣ病房進階到ＭＡＣ方艙（cube），有效提升採檢人員的安全性。未來，包括飛機商務艙、飯店房間、醫院診間，甚至住家的智慧健康宅等場域，也都能採用ＭＡＣ的思維。

輔醫建制，未來的典範病房

輔大醫院的十二樓，是收治新冠肺炎確診病人的重要場所，共設有智慧防疫病房ＭＡＣ病房九十床。

二〇二一年五月，台灣新冠肺炎疫情迅速升溫，輔大醫院正式啟用早先一步建構完成的ＭＡＣ病房，包含六床智能化重度急救病房，能由病房外的面板監控病人生命跡象及呼吸器狀況，減少醫護人員進出。

「在輔醫的照護下，新冠肺炎確診病人幾乎都能避免死亡，」謝邦昌說，從六月七日開始啟用ＭＡＣ病房收治病人，正是新北市疫情最嚴峻時，輔醫成功救回四十位以上須插管的病人，使他們度過呼吸衰竭的階段，安然出院。

把所有新冠肺炎病人集中在同一層樓病房是現代防疫的新觀念，從輕症、中症到重症呼吸衰竭，有時是瞬間的事，所以對於台灣疫情嚴峻時死亡人數偏多，是因為原本輕症在家自主管理，突然轉變成重症，很多年輕或壯年人，來不及送醫院重症加護病房，也就犧牲了生命。如果在同一層樓，輕症可以隨時轉換病床照護，同時，呼吸衰竭病人可以在最短的時間內做氣管內插管，送進加護病房，得到二十四小時生命跡象隨時的監測，MAC 智能化加護病房就這樣救助了四十位以上插管的病人。

最可靠完備的防疫醫療單位

儘管輔醫尚未成為醫學中心，但在新冠肺炎疫情當中，越級挑戰艱鉅任務，像是配合政府擔負社區篩檢、疫苗接種、專責病房，成立泰山檢疫所等，以及在醫院建立通過認證的 COVID-19 實驗室，協助檢測和快篩，在在都展現出無比的價值。

在學校、醫院、社區端，除了推廣防疫措施之外，

▶輔大醫院在學校、醫院、社區端推廣防疫措施，同時也協助民眾取得防疫物資，並設立防疫篩檢站、疫苗施打站。人在日本的林志玲關心台灣疫情，特別捐贈給輔大醫院粉紅色篩檢亭。

▶輔大防疫研究中心正在進行「新型防疫環保材料的發展與運用」計畫，採用銀銅鈦濺鍍材料製作護腕、服飾等運動用品，增進抑菌效果。

更協助地方民眾取得防疫物資，建立防疫篩檢站、疫苗施打站，同時也因應疫情，主動出擊，提供居家隔離或因高齡、行動、交通障礙而不便就醫患者的遠距醫療服務，以及多元防疫資源與衛教資訊。

輔大更是首開企業快篩先河，協助富邦集團在短短幾天內找到六位確診者，並快速應對處理，阻斷感染，提供企業員工安全的上班環境。

「透過快篩，能讓企業得以繼續運作，把疫情對產業的衝擊盡量降到最低，」謝邦昌說，「其實企業快篩並沒有太高難度的技巧，只是輔大能敏銳的察覺到需求，立即提出對應的服務。」

陸續，有許多企業也尋求同樣模式，以確保公司運作，輔大除了提供全台天主教醫院企業快篩SOP，還協助媒合企業與鄰近在地醫院，有效為企業先一步掌握可能的風險。

▶由防疫研究中心所研發的「濺鍍材料的防菌口罩」可清洗且反覆使用，有助於減少拋棄式口罩用量和汙染源問題。

面對疫情，輔大除了積極配合中央和新北市所有防疫工作，更保持預先做好萬分準備的態度，超前部署。

在疫情嚴峻之際，新北市政府規劃以新莊體育場為做為方艙預定地，設立兩百多床MAC病房做為備案。

儘管不乏其他人提出快速搭建隔離病房的構想，然而，病房建置需要經過醫療、建管單位層層關卡審批，無法立即執行，而輔大MAC病房早在先前就耗費半年通過所有核可，謝邦昌強調，「預先準備，才得以在疫情爆發時，快速因應，立刻投入第一線。」

由於有附設醫院的合作，輔大構築了最好的疫情防治網，因此，也被選為台灣北區大學的疫情防治示範學校，協助其他大學進行防疫工作。

而確診病人或是出入境病人的隔離，是疫情中的另外一個問題，被確診病人需要有盡心盡力的照顧，才不會在身體或心理上產生一些病症。

輔大在新北市奉命接管「麗京棧」防疫隔離旅館，每天都需要醫護人員輪班，照護病人的身體健康，更值得一提的是輔大醫學人文處處長呂慈涵所帶領的團隊，到防疫隔離旅館給病人做了人性關懷的陪伴，使被隔離者心靈不致空虛，這是在疫情中最需要去考慮的。隔離就像是坐監一樣不自由，還好有一群醫護人員關懷志工與他們在一起度過，只有輔醫這樣有靈魂的醫院，才能做出如此有同理心的安排，因此，也得到新北市市長親臨頒獎。

連結生醫科技，開創新契機

江漢聲的醫學背景，讓他敏銳的察覺到，面對新冠肺炎勢必是場長期抗戰，因而著手成立輔大防疫研究中心，結合醫院、醫學院，還有全校十二個學院的豐富軟硬實力，積極發展科技防疫與精準健康等生醫科技。

防疫研究中心目前有十多位研究人員，涵蓋輔大醫學院、理工學院、民生學院、織品服裝學院，以及創意設計中心。主要工作內容包含：整合校內各教學研究單位的專業，探討對抗新冠肺炎病毒的機制，評估及開發新藥、新的防疫材料；透過臨床應用，評估新的防疫材料可降低院內感染的效率，進一步改善MAC病房的防疫效能，提升產官學能量；最後，結合各學院的教學行政單位，把防疫新材料推廣到校園、社區及國外，實踐防疫新生活。

其中，位於防疫研究中心的P2⁺實驗室，可透過使用仿真病毒，進行中和性抗體分析等多項研究，除了追蹤新冠肺炎病人，做為臨床及研究重要數據，未來甚至也可以提供服務，供施打疫苗後的民眾，了解自身保護力的狀況。

新型防疫環保材料，完善生活

「防疫，不只是需要疫苗和口罩而已，」防疫研究中心主任陳宜民強調，輔大向教育部申請的十大亮點計畫，其中一項計畫就是新型防疫環保材料的發展與運用，透過創新方式，更能優化防疫新生活，「讓國內的防疫量能更加進階。」

舉例來說，傳統醫療用防護口罩，主要是藉由通透性阻隔病毒。然而，由萬泰科技所開發ACT銀銅鈦濺鍍技術，經輔大協助驗證，獲得令人振奮的結果，能有效提升防菌效力。

現階段，更進一步以輔醫病房做為臨床實驗場域，從病人及醫護人員的服裝、到枕頭、床單、隔離簾等，甚至呼吸器的濾嘴、空調風口，都運用濺鍍材料，陳宜民強調，「不僅僅針對新冠肺炎，對於院內常見的肺結核、綠膿桿菌等傳染源，都可以使用濺鍍材料，降低院內感染的風險，讓智慧病房效果更完善。」

「新冠肺炎已經改變我們的生活方式，防疫將成為日常生活的一部分，」陳宜民說，未來，ACT銀銅鈦濺鍍技術將繼續延伸，運用在毛巾、襪子、圍巾等日常用品，甚至食物的包材上，讓日常防護更完備。

這樣的防疫新材質也具有環保特性，例如採用濺鍍材料的防菌口罩可清洗且反覆使用，有助於減少拋棄式口罩使用量及成為汙染源的機率，讓防疫和環境保護能並進。

對輔大來說，防疫研究中心並非只是因應這波疫情的過渡單位，而是會成為樞紐，連結防疫發展與應用，從實驗室推廣到校園及社區，進入日常生活，找尋不同應用層面的跨領域合作可能性，為下一個階段的防疫，不斷開創新契機。（文／陳培思）

創新，是輔大服膺追尋的目標

因為我們唯一，所以我們第一

在台灣，醫院的發展主流是拚規模，拚哪家的病床數多、病人多。不過，二〇一七年成立的輔仁大學附設醫院，卻立志朝向另一種發展方向：創新與研發。

「或許對一間剛開始營運的醫院來說，創新應該不是首要目標，但江漢聲高瞻遠矚，他不要輔大醫院只是一般的醫院，」輔大醫院副院長江清泉說。

最好的公司，無不把大量資源放在研究發展上，唯有在運作及技術都比別人超前進度，才能走得長遠。同樣的道理應用在學校經營也是一樣，輔大正是要做長遠的經營，其中，醫院是最重要的主體。

對外，輔大參與了全球性的創新研發育成計畫——台灣生醫與醫材轉譯加值人才培訓計畫，簡稱 SPARK Taiwan 計畫。計畫源自於史丹福大學（Stanford University），為協助學術

▲輔大醫院參與的 SPARK Taiwan 計畫，源自於史丹福大學，主要協助學術界將研發想法落實到商用方面。

界將研發想法落實到商用上，以一定的資源及資金加速其進程。

對內，創新發展室協助和提醒忙碌於日常營運的輔大人，尤其是醫療體系，要多從病人的角度思考，如何重新設計和創造醫療服務，為病人謀取更多的福祉。

SPARK 計畫，激發生醫火花

目前，台灣已經有許多大學加入 SPARK Taiwan 計畫，除了輔大，還包括台大、清大、陽明、北醫大、中國醫大。

「SPARK 有點火、火花的意思，希望能藉由這項計畫，激發出好的研究能量，」江清泉說明。這項計畫是由他向江漢聲建議引進，並負責相關業務督導。

▲ SPARK Taiwan 計畫主要由江清泉建議引進，同時負責業務督導。

「第一個響應 SPARK Taiwan 計畫的是台大。計畫中包含藥物和醫材，我原本就負責台大醫材教練，做了四年。後來退休，到了輔大醫院，在開始營運那年，交大和輔大合作 SPARK Taiwan 計畫，各出了五百萬元，科技部補助一千萬元；第二年，交大和陽明併校後，輔大改跟清大合作，」江清泉回顧當時，「輔大的表現，可說是所有大學中的模範生。」

「這項計畫要成功，必須有幾個因素，」江清泉分析輔大能成功運作 SPARK Taiwan 計畫的關鍵，「第一，校長支持，若不支持，下面的人再積極都沒有用。輔大在江漢聲強力支持下，每一年都能拿出五百萬元的資金，並且是在科技部要求之下，唯一有進行跨校合作的單位。」

「第二，則是要有醫院，技術要能商品化。清大、交大技術移轉方面很強，輔大便可以與他們合作，結合優勢，而醫院則是最佳的成果展現平台。」

「基本上，先透過 SPARK Taiwan 計畫的育成，之後，可再銜接政府的文化新創加速推進計畫，大約能拿到上千萬元經費，」江清泉說明，一般會先在 SPARK Taiwan 計畫獲得一定成果，再取得另一筆足夠的經費，就能進入臨床實驗階段，進而朝向商品化的方向前進。

持續推動，獲得好評

江清泉舉出兩個成功案例，說明 SPARK Taiwan 計畫的進程概況。

第一個成功案例，是二〇一八年輔大第一年執行跟交通大學的合作案。交大團隊研發精子微流道篩選晶片，主要功能是檢測精子活動力是否旺盛、孕育胚胎要男或女等。透過 SPARK Taiwan 計畫的推薦，參加創新創業激勵計畫（FITI）競賽，獲得創業傑出獎。後來，這團隊已成立一家新創公司。

◀ SPARK Taiwan 計畫由輔大醫院創新發展室的團隊來執行，每星期都會進行腦力激盪會議。

第二個成功案例，是輔大醫學系研發自體血小板血漿注射療法（PRP）備製器材的團隊。市面上的自體血小板血漿注射療法，多半用來治療退化性關節炎；輔大團隊持續試驗後發現，若採用此法來治療男性不舉，可讓生長因子增加十倍以上，效果不錯。

創新發展，以「同理心」為前提

「創新發展室設立的目的，不是要複製過去的醫院類型，而是要創造能解決未來問題的醫院，因此一開始就導入設計思維。一般醫院以臨床、教學、研究為三大支柱，但江漢聲希望把創新當作第四支柱，」從矽谷回台發展的醫師江宜蓁，是創新發展室的顧問兼成立之初的核心人物。

創新發展室的小組成員以「同理心」為設計前提，希望能透過系統性方法了解病人和醫護人員的感受，找出需求。因此，從人（people）、運作過程（process）和空間（place）三個元素著手。

「人員方面，小組找了二十位醫師、護理師、行政人員，一起加入設計思考的過程；運作過程方面，我們會定期舉辦教育訓練，討論和溝通，」江宜蓁說明。

空間方面，要和其他醫院不一樣，希望有自然的光照進來。因此，有些單位原本可能設在地下室，但地下室沒有陽光，所以改到醫院二樓邊間；或是透過顏色，讓人知道自己到了

▲輔醫創新發展室主任劉偉倫（左二）帶領外賓訪視 MAC 病房。前排右二為新北市副市長謝政達，右三為輔醫院長王水深。

不一樣的地方，像是溫暖明亮的白黃燈光，隔板隨時可拆開重組以轉換視野距離，或鋪上綠色草地感十足的地毯，都比較讓人願意接近。

江宜蓁表示，之所以需動員醫護人員，是因為他們真正了解病人的需求。兩年以來，共提出四十四項需求，其中包含兩項成果：智慧防疫病房 MAC 病房和大腸癌造口腹帶。

因疫情而產生的靈感

輔大醫院重症醫學科主任劉偉倫，因緣際會下，受邀擔任創新發展室主任，「加護病房的病情複雜，許多醫學的新技術是從加護病房發展出來。江漢聲說，既然我平常有這麼多想法，就叫我來負責，」劉偉倫說，創新發展室一開始沒有錢、沒有人，但為了讓輔大醫院「未來跳躍式成長」，便在萬般困難中開始運作。

由於輔醫的資歷不長，尚未「蓋好蓋滿」，有兩層樓的空間可以運用。因此，創新發展室開始討論各種方向，剛開始以老人醫學需求為主，接著改以全齡友善病房為目標，後來面臨全球新冠肺炎疫情，又把主題更改為疫情相關。最後，決定執行MAC病房的案子。

「MAC病房的模組化想法，是出自我的想法，由團隊成員共同討論出來的，」江清泉與劉偉倫是創新發展室固定會議的成員之一。疫情嚴峻時，輔大醫院只有六間負壓隔離病房，於是他們想，十二樓要蓋病房，是否能蓋出新概念病房——平常是一般病房，但疫情時可改為負壓隔離病房。

前所未有的病房革命

當時，台灣設計研究院受邀參加輔大創新發展室的會議，聽了MAC病房的概念後，相當興奮，便把以環保作品聞名的小智研發公司拉進來參與，再尋求政府標竿計畫的支持，很快的，一個月內，以鋁製材料，在輔醫十二樓建置一間原型MAC病房。發表記者會當天，衛生福利部部長陳時中及時任美國在台協會處長酈英傑皆出席致詞。

「MAC病房就是病房的革命。無論在室內或戶外，可做為一般病房、加護病房或隔離病房，如果要改成負壓隔離病房，不用鐵鎚敲，只需要幾根螺絲釘就能夠完成。未來也可以做為智慧病房，從外面監控病人情形、用機器人送東西進去，醫護人員完全不需要接觸到病人，」江清泉說明，現有病房是固定的，萬一需要改裝，還得打掉整個磚牆、重新處理管

▼ MAC 病房是由輔大醫院、台灣設計研究院和小智研發公司，所共同參與的標竿計畫細項之一。圖中發表簡報的兩位，就是小智研發公司團隊。

線，非常麻煩。

劉偉倫認為，歷經疫情，或許未來在醫院空間的設計上，會出現許多不同以往的想法，而有彈性、可轉換的特性，會愈來愈受到重視。目前MAC病房的商機預估至少上億元，國內外多家醫院都很有興趣。

研發病患需求商品：造口腹帶

大腸直腸癌及膀胱癌等病患所使用的造口腹帶「舒護樂」，是創新發展室的另一項成果。這些患者因為病情，需經由外科手術形成腹部上的造口（又稱人工肛門），由於造口旁疝氣是術後合併症之一，因此需要造口腹帶的保護。造口腹帶的開口大小、腹帶鬆緊度，皆會因人而異；然而，市面上造口腹帶皆為固定尺寸，不一定適合每個人，就算想客製化，也不容易。

輔大醫院護理部主任于博芮，同時是台灣傷口造口及失禁護理學會理事長，相當了解此類病人的需求。因此，他在創新發展室的會議中，提出製作造口腹帶的想法，獲得一致通過。

實際執行研發後，耗時一年多才完成雛型。首先，他找來五、六位病人，針對市面上現有的造口腹帶提出意見；接著，再請病人，針對雛型提出意見，改良造口腹帶，並製作出樣品，供病人試用和回饋，再不斷的改良，前前後後製作不下數十個版本；等最終版本確定後，

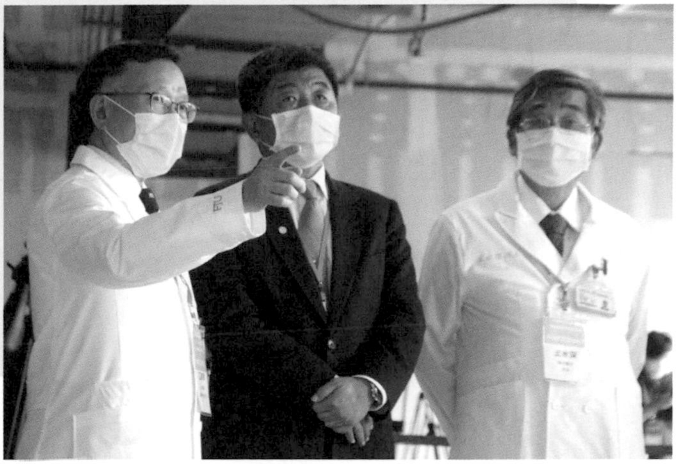

▶ MAC 病房發表記者會當天，衛生福利部部長陳時中（中）、輔大醫院院長王水深（右）以及副院長江清泉（左）皆出席。

徵求適合廠商，進行商品化的量產及製造。目前已經商品化市售，期望可以為病人帶來生活上的幫助，並提升其品質。

不只是醫療，更整合其他專業

創新發展室剛啟動時，多位成員都與醫院相關，平日都有主要忙碌的工作，身兼多職，因此在執行案子時非常艱辛。劉偉倫指出，目前已交出還算不錯的初步成績，未來輔大其他科系的專家也會陸續參與，例如織品服裝學系，慢慢擴大創新與研發的範圍。

在江漢聲心中，輔大醫院必須從創新中找路，才能經營出一間台灣前所未見的醫院。（文／彭漣漪）

智能建立高品質的未來

人工智慧在輔大是產學運用的主體

近年來，資訊發展日新月異，舉凡人工智慧、大數據分析和數位化平台的出現，都意味著這些新科技將與人們的生活愈來愈密不可分；在教育上，也是如此。

資源與事業發展副校長暨人工智慧發展中心主任謝邦昌提到，人工智慧正在蓬勃發展，在眾多領域的應用亦逐漸發展成熟，甚至成為一種新興產業。過去四、五年間，全國所有頂尖大學都相繼成立ＡＩ中心，放眼全球，更會看見國際名校皆紛紛投入人工智慧的研究與應用，重要性可想而知。

▲近年來，輔大致力於投入人工智慧的研究與應用，並在全校各學院、科系共同推動，期望能提升學校競爭力。圖為跨領域學院的 e-classroom。

輔大理工學院在電機工程、資訊工程學系都有ＡＩ相關課程與技術，理工學院院長王元凱表示，「過往對於大量複雜資料，其複雜的輸入與輸出對應函數關係，很難以統計技術分析。面對日益龐雜的資訊，引用ＡＩ系統，不僅可以化繁為簡，更能精準預測未來，甚至能減少人為假設的錯誤。」

過往數據的分析，不僅能夠處理的資料有限，甚至常因人為的判讀而有疏失，王元凱進一步強調，「ＡＩ沒有先入為主的缺點，甚至數據愈多愈大就愈精準。目前，前瞻的技術機器還能做到深度學習與自動學習，在數據的排列組合中找出規則與脈絡，即使是離群樣本或異常樣本，也不會干擾。」

在此領域耕耘已久的輔大，人工智慧發展中心於二〇一九年揭牌，更在二〇二一年七月正式成為學校的一級研究單位，致力於開發人工智慧技術、促進學術研究、洽談產學合作，提升學校競爭力。

培養跨界專業人才

以人工智慧做為發展基礎，輔大在全校各學院、科系共同推動人工智慧應用的相關研究與精準醫療研究。謝邦昌更相當肯定人工智慧發展中心執行長陳銘芷的貢獻，「我們嘗試跟很多領域整合，發現效果還不錯，像是過去這一年和學校教授合作，發表了三、四十篇國際知名的研究論文，可以很明顯看見，輔大的名次一直是在向上提升的。」

「教學一定是最基礎的，」謝邦昌認為，當今的人工智慧儼然成為科技主流，並大幅影響社會、經濟、教育現況與未來發展，因此，將人工智慧帶入教育是必然的趨勢，學校更有義務因應這項發展來規劃課程，以提供學生學習人工智慧的知識與技能。

ＡＩ與大數據不僅是趨勢，在醫學上更是一劑強心針，醫學院院長葉炳強行醫多年，對此特別有感觸，「醫學講究經驗與科學，一位醫師能看多少病人總有限度，但大數據和ＡＩ龐大的資料，能幫助醫師找到更符合科學的判讀方法，不論是基因檢測、疾病診斷，甚至是用藥選擇，都可以透過這些分析，得到寶貴的經驗法則。」

輔大醫學院不僅讓醫學系學生學習到ＡＩ與大數據的應用，也提供更深度的人文思考，葉炳強表示，「ＡＩ在醫學上已經滿成熟，學生除了需具備ＡＩ概念與學習的核心能力之外，當數位健康時代的來臨，如何去判讀、溝通，是醫學教育很重要的一環。比方說，當ＡＩ判讀錯誤病人的情況，給出不正確的建議，此時是誰的責任？醫學倫理該怎麼做？我們在學習新知時，也需要讓學生知道：科技與醫學倫理的界線在哪？」

值得一提的是，輔大做為天主教大學，在人工智慧發展上，也會遵從天主教教義，不會發展違反自然的人工智慧生殖醫學。「現在絕對是討論人工智慧在倫理、道德、法律等面向的最好時代，也是宗教進入到這個領域的最佳時機，」謝邦昌正色說道：「我們希望能用宗教的力量，給予一定的制約和規範，把人工智慧的發展導向正途。」

翻轉教育的方向

謝邦昌提到，有一門「人工智慧與大數據分析概論」，十二個學院都有學生來選修，這也是他和江漢聲對於未來的共識，「以後人工智慧也會像電腦一樣，變成各個學科最基本的配備，所以，我們希望讓人工智慧成為各個學院都要學習的通識教育，只要是進到輔大教育體系裡的學生，都能學到人工智慧、大數據，進而運用在各自的專業領域上。」

謝邦昌笑笑說，既是醫科、又會彈鋼琴，連桌球也打得很好，藝術和運動細胞都令人羨慕的江漢聲，可說是跨界當中的佼佼者，「將來我們翻轉教育的方向，就是要藉由人工智慧教育課程，培養學生可以做更多像這樣跨領域、交叉學科的修習。」希望在不遠的未來，當外界一想到人工智慧專業人才，首先就會想到輔大的學生。

他也自豪，輔大在台灣算是最有國際化特色的大學，「我們在全球有一千多所姊妹校，學生在輔大修的任何課，全世界的天主教大學都承認。」這正是輔大走向世界的利基。

因此，輔大除了向科技部、教育部申請到在澳洲和印度的大學成立聯合研究中心，建構更多國際合作，現在也正積極開發「線上認證」和「線上虛擬課程」，在可預見的五到十年之內，將會晉升為一間線上線下教學並進的大學。

▲二〇一九年，輔大醫院成立「運動醫學中心」，提供運動員最完整的照護。

用運動醫學資料庫推動精準健康

隨著人口高齡化以及慢性病患人數逐年增加的趨勢，精準醫療儼然成為世界各國的重要發展之一。人工智慧發展中心自二〇二〇年成立事業處以來，便專注於醫療智能化的發展，也同時與中央研究院合作精準醫療計畫（Taiwan Precision Medicine Initiative, TPMI）。不過，謝邦昌強調，在談精準醫療之前，「我們希望先做到的是『精準健康』，也就是運用累積多時的醫療資料庫。」

他以二〇一九年開幕的「運動醫學中心」為例，這裡集結了國際級運動傷害防護與訓練、運動心理諮商、運動營養評估和尖端骨科手術等高階醫療設備，也能跨科別整合醫師會診，提供運動員完整照護。謝邦昌笑說，台灣在東京奧運拿下十二面獎牌，其中有三分之一都出自輔大，同時因為選手的優異表現，讓更多人都注意到運動醫學中心在背後的重要性，

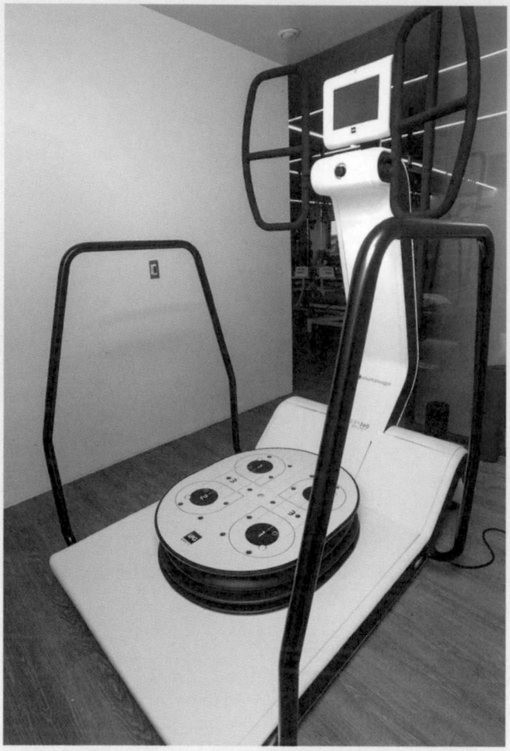

▲此為運動醫學中心內的動態神經肌肉康復評估暨訓練系統 Huber360，是本體感覺、核心肌群與平衡訓練儀器，兼具評估治療與運動訓練功能。

透過運動醫學資料庫的建立，能幫助這些年輕好手免於運動傷害。

運動醫學中心的團隊，由江清泉擔任主任、輔大體育室主任何健章出任副主任，同時集合體育學系內多位菁英。長期培訓奧運國手的何健章表示，「不論成年或學生的選手，發生運動傷害時，可以安排綠色通道，直接送到運動醫學中心，讓照護員可以在第一時間掌握選手情況，減少運動傷害。」

深受肯定，回診率高

運動醫學中心另一大特色，是減少儀器性治療方式，以徒手治療改正肌肉與關節傷害所造成的疼痛，而這樣的疼痛是因長期身體結構性問題而產生的代償作用。這項服務甚至深受許多企業家的肯定，「很多企業家即使上了年紀也很愛揮桿打高爾夫球，在肌肉和骨骼不若以往強健下，容易受傷。透過運動醫學中心，可達成預防性矯正，以及運動後按摩，讓他們運動起來更順暢。」

另一位副主任是來自體育學系的教授陳譽仁，他認為跨專業科別的會診，能讓不同專業進行直接溝通，避免患者或運動員被過度轉介，「我們都能一致知道患者身心狀況，減少溝通成本與誤差。在運動醫學中心，不僅可以在頂尖國手受傷時提供照護與提升技能，也能減少一般民眾長期姿勢不良、下背痛、退化性關節等問題，甚至在運動熱潮之際，對於想要增進體適能的民眾來說，也能在盡量降低產生運動傷害的風險下，提升運動強度與體適能。」

運動醫學中心成立兩年來，回診率相當高。無論是簽約運動員與球隊受惠於一站式快速通關服務，還是單一病患或全家族就診，都因而擁有健康，可說是運動員與民眾的護身符。

精準把關，從醫療、治療到照護

「預防勝於治療」的概念，除了用在運動員身上，也希望能用來協助一般民眾。謝邦昌指出，「我們透過健保資料庫、臨床資料，還有醫院所能獲得的相關資訊，加以整合，掌握每個人的健康狀況，再透過人工智慧技術協助，找出可能的潛在疾病。」比如從基因檢測、家族病史，研判罹患哪些癌症的機率可能較高，便能進一步提醒民眾在飲食和生活習慣上需要注意的方向。

傳統中醫診察疾病，講的是望聞問切，眼下人工智慧時代的「把脈」，則更進一步透過大數據的整合，掌握過去、判斷現在，更預防未來，為民眾的健康，做到精準把關。如此一來，也有助於日後提供最合適的精準治療服務，減少醫療資源浪費。

謝邦昌更提出「醫養心動」的說法，「前面兩個字很好理解，就是醫療和養護。『心』指的是心靈，透過信仰帶來的宗教力量，用心理作用影響生理。至於『動』則代表運動。」在這些相關領域，皆投入人工智慧發展。

▲輔大希望藉由人工智慧教育課程，培養學生做更多跨領域的學習與應用。圖為跨領域學院的 e-school。

他認為，只在醫療中談健康照護（Health Care）似乎太狹隘，「如果今天要討論一個人的健康照護，應該把時間拉得更長，」在未來的健康市場，下一個發展階段還要做到「因人而異」的精準照護，藉由大數據，得知每個人的生活型態，進而規劃出不同的客製化服務，像是結合現在的科技技術，做到離床偵測、協助預防跌倒、失智定位等項目。「延續過去的精準健康、精準醫療，居家服務可以做到精準照護，還有我們現在正推動的安寧養老。」種種作為，都是為了讓病患在人生的最後一段路上，可以被尊重對待，直到善終。

打造智慧醫聯網，擴大影響力

為了將輔大在學術研究與產學合作的能量發揚光大，人工智慧發展中心以「醫療」做為創始合作領域，除了和輔大醫院合作外，與新光吳火獅紀念醫院、國泰綜合醫院以及耕莘醫院都有合作計畫。

陳銘芷指出，以推動雙向研究計畫、合作進入第二年的新光醫院為例，便是透過全民健保資料庫與新光醫院間跨領域資訊平台的建立，運用人工智慧方法進行醫療數據分析，建立臨床決策輔助系統，來提升醫療品質，「二〇二一年新光醫院特地舉辦成果發表會，邀請全院醫師參與，了解我們去年論文的所有成果，也鼓勵全院醫師加入這個合作。」

不僅如此，陳銘芷強調：「謝邦昌對於人工智慧發展中心有著遠大的理想。」夢想藍圖的一部分，就是已啟動的天主教健康照護聯盟遠距醫療門診。

早在二〇一八年，台灣便已進入高齡社會，謝邦昌肯定表示，下一個「護國神山」一定是健康醫療，「所以輔大會把這方面當作『重中之重』的發展項目。」

他提到，包括輔大醫院在內，全台共有十二家天主教醫院，最遠如台東聖母醫院，和外島澎湖的惠民醫院，過往長期扮演偏鄉守護者，照顧非都會區居民的健康，「如果藉由建立人工智慧醫療平台，整合天主教體系醫院的資源，打造智慧醫聯網，所能串聯起來的醫療量能，是非常龐大的，可以幫助到更多人。」

舉例來說，透過網路平台打造線上看診的制度，運動傷害或疼痛問題，都能透過遠距醫療進行有效諮詢，患者便不需要千里迢迢遠赴城市求診，「在偏鄉就可以看到台北的名醫。」未來，如能做到更緊密、更深入的互相支援，創造更多元化的服務，提升醫病關係，相信這條遠距精準健康之路能走得更遠。

躋身頂尖大學的關鍵

在與全國天主教醫院聯盟合作、成立人工智慧發展中心之外，輔大也加入 SPARK Taiwan、科技部國際產學聯盟（Gloria）等計畫，充分發揮輔大身為綜合大學的特質，透過多元跨界合作方式，推動創新應用，強化輔大醫院發展智慧醫療服務的能量。謝邦昌強調，SPARK 和 Gloria 這兩大計畫是輔大近年能向上成長的重要關鍵，「能申請到這兩項計畫，意味著輔大已經躋身頂尖大學的行列。」

他也感性的說，輔大最大的使命，不僅僅在於做為天主教大學常掛在嘴上的「榮耀天主」，而是藉由更多的產學合作，例如與人工智慧等領域的整合，達到改善、提升全人類福祉的期望。（文／張雅琳）

—結語—

築夢

不只小小改變，更要大大飛躍。
以願景為舵、用使命為帆，
引領輔大航向世界，
為下一個百年奠基。

蛻變，成就輔仁一甲子風華

就歷史的洪流而言，六十年是不短的日子，但是以事物的變遷來說，愈近的日子，變化得愈快。十年來，輔大完全改變了樣貌；五年間，又是有了醫院後的新氣象；一年內雖有疫情，但創新卻沒停止下來。江漢聲說：「我常在思考，五年後的輔大建校百年，會是怎麼樣的風華？」

為迎接輔大在台復校六十週年，校方以「復校芳華一甲子，輔仁熠耀百年春」為校慶主軸標語，規劃了一系列相關的慶祝活動，希望能向更多人展現輔大的價值與特色。

六十年前，輔大校地原本是一片農地，如今卻成為智能化的現代校園，「這就是『蛻

▲輔大在台復校六十年，從一片農地開始，蛻變為智能化的現代校園。

變』，」江漢聲說，「在我的觀念中，什麼事情要改變，不能只是修正，小小的改變是一種退步，必須要大大的飛躍，」這同時是他的校務發展目標。

剛續任至第十任校長的他，更期望未來的輔大能蛻變成台灣的哈佛大學、史丹福大學，「一定要有這程度的遠見，才能在台灣立足。」

如同法國作家羅曼・羅蘭（Romain Rolland）所說：「你們的理想與熱情，是航行靈魂的舵和帆。」一間大學的發展，同樣要有著夠遠大、甚至看似不可能的夢想，才能讓昇平如常的校園不再原地踏步，而能朝向另一個階段邁進。

懷抱願景，就會帶來改變

在治校方面，江漢聲認為，「沒有願景，就

▶二〇二一年，擔任校長已邁入第十年的江漢聲，進行了許多計畫與改革，為輔大校園和醫院帶來新氣象。

▲輔大醫院的成立，為輔大開啟了技術轉移、跨領域合作等新發展方向。

不知道可以走多遠。雖然有時候不一定能達成，但願景會讓人轉變，提升到另一個層次，使人有一個往前走的決心。」

在前兩任校長期間，江漢聲改變輔大的原有基礎：從普通的私立大學，蛻變成有醫院、有十二個學院的現代化綜合大學；在世界大學的排名中創新高，於二〇二一年英國《泰晤士高等教育》調查中，輔大在台灣排名第十三名，贏過政治大學及中央大學兩所老牌國立大學。

他會續接第十任校長，「是因為使命感」，希望能把先前輔大蛻變後所建立的新基礎，打得更扎實，甚至為輔大下一個百年奠基。

輔大現在的許多運作，不再是採用傳統做法，幾乎跳脫一般人對大學所想像的

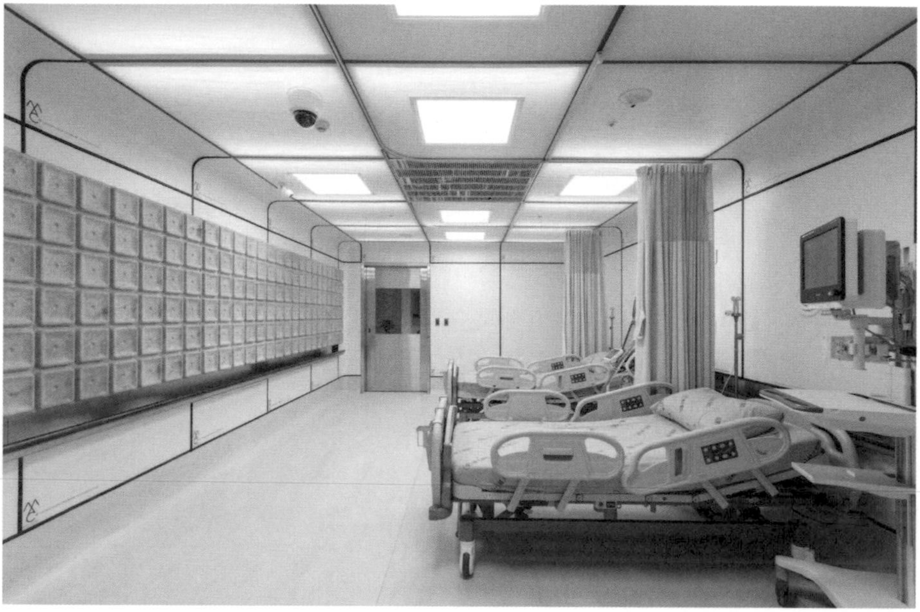

▲由輔大醫院創新發展室執行的 MAC 病房，是跨界合作的最佳案例。

樣貌，大膽採取新的流程步驟，目標直指未來。

成立事業處，帶進新財源

首先，是成立事業處，多面向發展新事業，為學校帶進新財源，企圖擺脫私立大學仰賴學費過日子的窘境。

一般來說，經營大學主要有幾種型態：教學型、研究型、產業型。江漢聲認為，若輔大想走在最前頭、走得長遠，一定要效法醫學類大學，擁有很多的事業，像是設立醫院。

然而，只靠醫院的營運，仍不一定能幫學校帶來足夠的收入，江漢聲認為，「台灣採取的是單一保險的健保制度，醫院不容易賺錢。因此，必須朝兩個方向發展，一是建立連鎖院區，二是拓展周邊事業，」這兩個就是輔大醫院的重點方向。

舉例來說，醫師擁有自身專業的智慧財產權（IP），可以透過醫院平台進行技術轉移、跨領域合作，像是AI、醫學工程、醫學資訊等項目，以及健康、營養、食品等跨界合作，就能走出有別於一般大學的路。

在輔大醫院成立的創新發展室，目的就是要發展各種新的可能性，其中的MAC病房及造口腹帶，就是目前已經開發的合作案。

截至目前為止，輔大醫院醫療和其他相關所帶來的年營業額，如果疫情不再影響，可能超過輔大全年預算，未來將會是輔大的核心事業體。

力推師資分級制度

其次，在師資聘用方面，輔大開始推動教授薪資分級制度，甚至提高新進教授的晉用標準，更撼動大學最核心的師資水準。在美國，教授薪資分級是很普遍的事，會特別獎勵認真教學及研究的教授。輔大終於勇敢跨出了這一步。

輔大推出由富邦金控董事長蔡明興所捐助的「信望愛講座教授」制度，提供每個教授一年八十萬元到一百二十萬元額外補助，制度開始的第一年，就給出三位名額，都是從校外特地聘請來的，第二年便考慮開放校內競爭，期望能鼓勵優秀教授積極爭取。另外，特聘教授有二十多人，將來希望校方也能提供更優渥的給付。

「我們對新進老師的管理非常嚴格，要成為專任教職有三個條件：一，要有公部門計畫；二，要有論文；三，要開設至少一門全英文的課程，」舊師資的改變較慢，江漢聲從新師資著手，同時利用全英文課程的機會，提高輔大國際化的程度，他也以身作則，開設了全英文課程。

系所特色發展與轉型

接下來，就是發展系所特色，進行多元招生，區隔與其他大學的不同。

目前，輔大內多個系所已經或正要轉型，原本具經營績效的系所會繼續維持，有的系所則會與醫院合作，試圖做出跨領域特色。江漢聲舉例，輔大的物理學系有一半在做醫學工程，數學系也有一半接觸醫學資訊，這些學生都培養出跨領域的技能，不少學生甚至還沒畢業就拿到工作機會。

現代大學競爭激烈，若沒有特色，很容易隱沒在時代洪流中，因此，「招生不好的系所要轉型，招生好的要增加吸引學生的籌碼，」江漢聲表示，大學招生就像拔河，在爭取優秀學生上不斷拉扯，若不想盡辦法，就無法讓好學生入校。

為招來更多優質的學生，輔大運用許多方法：辦理營隊，吸引新北市高中生來了解輔大各系所；理工學院試辦「系進院出」、「大一不分系」等新做法，讓學生在科系選擇上有更多彈性；同時，也廣招陸生、國際生。

針對輔大特定重點發展的系所，則是採取多管齊下的方式，求才留才，例如輔大體育學系，擁有多位金牌等級的選手，包括舉重選手郭婞淳、桌球選手林昀儒等；日本東京奧運的選手中，輔大是單一大學所占人數最多。

「輔大體育學系不但要繼續大力發展，以後還想要在校園建輔大體育名人堂館，內有奧運獎牌廳，」江漢聲的雄心壯志，在輔大是有機會發生的。

此外，輔大擁有很多系所，除了轉型成教練，還可以提供運動選手更多未來出路，例如從事運動醫學、營養、心理等領域。體育學系學生可從事運動愛

◀每年的跨域創意整合工作坊中，織品服裝學系會邀請不同領域的專業講師和學生對話，以激盪出不同的合作火花。圖為織品二館立曜創造力場域。

好專業，像在健身房擔任高階的運動防護員，為選手、甚至將來為病人量身訂做，客製化運動保健課程，減少痠痛再發，讓運動選手無後顧之憂。

至於科技，也是輔大未來的發展重點之一。輔大成立人工智慧發展中心，開設ＡＩ微學程，開放給所有的學院選修；同時，結合輔大身為天主教大學所重視的人道關懷，加強研究ＡＩ倫理的議題。

HOPE，現階段的發展重點

一路走來，輔大正積極在各領域中，進行大幅度、大規模的創新與改變。對現階段的江漢聲來說，「ＨＯＰＥ」是他目前最重要的任務：Ｈ（heritage），傳承經營；Ｏ（originality），創新發展；Ｐ（progress），進步飛躍；Ｅ（endowment），資產配置。

「我的責任主要在這四個面向：找到很好的傳承（Ｈ），不斷創新（Ｏ），有前進的目標並且把握機會（Ｐ），同時需要有一定的資金（Ｅ）。基本上，輔大都已經準備好，需要的是主動爭取機會，例如參與大型的產學合作、公部門計畫等，以及啟動機會的資金來源，」江漢聲指出關鍵所在。

台灣的大學中，有的是公立學校，仰賴政府的大力補助；有的是財團型學校，企業在背後提供金援；有的是附設醫院的聯盟大學，兩者互助，財源較不虞匱乏。

然而，在先天條件上，輔大屬於「弱勢學校」，私立大學獲得的補助少，主要靠每學期的學費來經營，而學費也不易調漲，為追求創新發展，勢必得四處尋找財源，江漢聲認為，「我們在如此困境下，想要跟其他大學競爭，最佳的方法，就是必須為輔大打造出永續發展的資金來源。」例如資金與募款中心、永續基金會等。

輔醫，帶動輔大成長

最後，不得不提到輔大醫院。輔大醫院是在江漢聲任內所建設，過程艱辛，但近年來開始展現出各種效益。

醫院，可說是讓輔大大幅度成長的關鍵，提供多重嶄新發展的可能性。

教學上，輔大多個系所可和醫院跨領域結合，例如外語學院開設醫療翻譯學程、音樂學系開設音樂治療學程等；技術上，透過科技與生物醫學的合作，帶來突破性結果，這同時也是台灣醫學大學當前的發展趨勢；財源上，醫院帶來的現金流量大，未來技術技轉的可能性也高，可以提供學校穩定的資金來源。

醫院和社區的結合，長照、居家做得好，使得病人更需要醫院的全程照護，這也連動到學校和社區的結合；輔大一直在努力做好大學的社會責任（USR），這個連結，從醫院切入是最直接的。將來的學校和社區間是無圍牆的，醫院也在其中，儼然形成一個大的生活圈，共榮共旺的大家庭。

發願成為世界亮點

在江漢聲任內發生的變化，為輔大校園和醫院帶來新氣象。他計劃做完這一任後退休。蛻變已經啟動，前進千里的大小跬步四處邁開，輔大在這樣的基礎上，於第一個百年來臨前，大幅度的檢視自己各方面的競爭力。

對於未來，江漢聲許下心願：要傳承，把理想接續下去。輔大醫院能穩定營運、多角化經營；輔大的世界排名能繼續成長；希望資金來源不虞匱乏。更重要的是，期許整個輔大能夠繼續往前走，立足台灣，成為世界的亮點。（文／彭漣漪）

▲現階段的輔大，希望透過「HOPE」四個面向，積極在各領域進行大規模的創新與改變，期許能立足台灣，成為世界亮點。

社會人文 BGB518

划向未來的方舟

輔大六十，熠熠生輝

國家圖書館出版品預行編目 (CIP) 資料

划向未來的方舟：輔大六十，熠熠生輝 / 彭漣漪，張雅琳，陳培思，陳名珉著. -- 第一版. -- 臺北市：遠見天下文化出版股份有限公司，2021.11
面；　公分. -- (社會人文；BGB518)
ISBN 978-986-525-376-9(平裝)

1. 輔仁大學

525.833/103　　110018483

作者 — 彭漣漪、張雅琳、陳培思、陳名珉

客座總編輯 — 江漢聲
專業總策劃 — 鄭靜宜
專案執行企劃 — 輔仁大學公共事務室

企劃出版部總編輯 — 李桂芬
主編 — 李偉麟
責任編輯 — 郭盈秀、劉瑋
封面設計 — 高小茲
美術設計 — 劉雅文（特約）、Littlework 編輯設計室
攝影 — 劉昭君（P.25 空拍照）、黃菁慧（P.39、42、81、99 排球場、101、111-112、115-116、171-172、177、192、208、214、217、222、231、244、255）、黃鼎翔（P.45、47）、廖福麟（P.65）、許厚安（P.68、74）、何佳瑋（P.73）
圖片提供 — 輔仁大學公共事務室（P.10-25、29-36、41、50-62、66、78-79、83、85-86、94、99、108、118、121、126、128、131-138、147、153-162、165、168、183、185、187-188、191、197、198、203-205、213、223-224、229-230、233、239、243、247、253、256、259、263）、輔仁大學籃球隊（P.24 籃球隊）、中央社（P.24 郭婞淳、100、102、105）、輔仁大學附設醫院（P.145、176、179、211、219、235、237）、王國媚／TIRECO 輪胎（P.89-93）、陳立恆／法藍瓷（P.122、125、127）、羅崑泉／喬山健康科技（P.143、148）、陳致遠／誼遠控股體系（P.175、180）、蔡和順（P.207）

出版者 — 遠見天下文化出版股份有限公司
創辦人 — 高希均、王力行
遠見 · 天下文化 事業群董事長 — 高希均
事業群發行人／CEO — 王力行
天下文化社長 — 林天來
天下文化總經理 — 林芳燕
國際事務開發部兼版權中心總監 — 潘欣
法律顧問 — 理律法律事務所陳長文律師
著作權顧問 — 魏啟翔律師
地址 — 台北市 104 松江路 93 巷 1 號
讀者服務專線 — (02) 2662-0012 ｜傳真 — (02) 2662-0007；(02) 2662-0009
電子郵件信箱 — cwpc@cwgv.com.tw
直接郵撥帳號 — 1326703-6 號　遠見天下文化出版股份有限公司

製版廠 — 東豪印刷事業有限公司
印刷廠 — 立龍藝術印刷股份有限公司
裝訂廠 — 聿成裝訂股份有限公司
登記證 — 局版台業字第 2517 號
總經銷 — 大和書報圖書股份有限公司／電話 — (02) 8990-2588
出版日期 — 2021 年 11 月 17 日第一版第 1 次印行

定價 — NT 480 元
ISBN — 978-986-525-376-9
EISBN — 9789865253806（EPUB）；9789865253820（PDF）
書號 — BGB518
天下文化官網 — bookzone.cwgv.com.tw